U0138422

國家風水叢書5

❖透視陽宅專輯之二

陽宅方位學

周建男　著

國家出版社　印行

自　序

　　當稿件在台中完成之際，適逢端午粽香時節，窗外落著五月霾雨，斗室燭火熒熒，觀桌案積稿，感慨學術浩瀚、世事嶙峋，然後衰啞一笑。

由　來

　　風水學是經過數千年不斷演變而來，最初只不過是一種人類的生活經驗。上古時代，人類從游牧而進化至穴居的階段之後，便開始注意選擇適合自己居住的地點，建造適合自己居住的宅第，這些選擇經驗的累積，就是風水學的雛形。

　　開始之初，祖先們只是以安全爲前提從事選擇，所以，地勢較高、避免洪水、躲開野獸、遮擋風雨等等的地點，就成了當時的居住理想處，這些純是生活經驗的累積。但到了後來，先哲們漸漸地把長期生活經驗與陰陽五行、八卦九星等術數結合在一起，因而演變成一門玄學。

演　進

　　風水學的演進，可分爲幾個階段，分析如下：

　㈠**第一階段的整合**：是在春秋戰國陰陽家盛行的時期，這時期已有陰陽對等的概念了。

　㈡**第二階段的整合**：漢朝風水家的歸納，如郭璞的《葬經》、《錦囊經》，陶侃的《捉脈賦》，王充的《論衡》等，把五行八卦充分應用在風水學術中。

　㈢**第三階段的整合**：唐宋四大名家的發揚，如楊救貧、賴布衣、曾文遄、

廖金精等，此時期以楊公聲望最高，賴布衣最為人傳誦，這些傳奇故事已深入民間。

㈣**第四階段的整合**：清朝時名家輩出，此時的風水學術因羅經的被重視，方位學才抬頭，故進展一日千里，著名學者以蔣大鴻、沈竹礽等對風水的影響最大。

無奈風水學在唐宋時期，因儒生倡言怪異，圖籙、煉士、方士之說盛行，風水學遂由簡易避災加入怪力亂神，而使後來的知識學者大加否定。迄今第五階段的整合，應符合時代的要求，釐清風俗與風水的區別，走出封鎖式的研究，與異業結合，才能使這門中國文化核心的術數真正地落實於生活。

理　論

何謂風水？風水又稱堪輿，其名稱最早見於《史記·日者傳》，而《漢書藝文志》所載書目，也有《堪輿金匱十四卷》之傳，許慎解釋：「堪，天道；輿，地道。」此涵義與《易繫辭傳》的「仰以觀於天文，俯以察於地理」之意相近，故知地理知識最早是稱為堪輿學。晉人郭璞著《葬經》曰：「氣乘風則散，界水則止。」古人聚之使不散，行之使有止，故謂之風水。提出堪輿最重視「生氣」，生氣忌風喜水，藏風聚水，後人就把堪輿稱為風水。

故堪輿學又叫風水學，範圍包括陰宅（墓葬地理）及陽宅（宅第地理），研究陽宅的學術稱為陽宅學，符合時代意識又叫做環境學，應視為一門學科。

理論體系主要包括兩大部份：

㈠**空間方位**：知其所在，而迎之其用，瞭解宅第內空間位置的作用力。

㈡**巒頭理氣**：宅第外在環境的生剋吉凶，藉此趨吉避凶。

　　這門學術講陰宅及陽宅，兩者的原理基本相同，但因死人墳墓與活人宅第性質不同，當然在應用及鑑定技術上是完全不同的，本系列叢書系以談論陽宅風水爲主。

重　要

　　住宅是個人養精蓄銳，對內與家人溝通，對外維持公共關係的場所，全家人對居家境境適應與否，個人事業、社會人際關係是否成功順遂，都可由宅相中應驗得知，豈能不慎重。

　　我們也常看到，有的家庭一向健康、幸福，但有朝一日搬遷新居後，一切生活情形卻轉壞了；又有的人過去生活不太如意，喬遷新居之後，反而時來運轉。諸如此類，都是陽宅學探討的核心，對個人的影響也很直接、深刻。

體　例

　　本系列叢書共分成四大冊，閱讀順序如下：

　□陽宅科學論：藉本書的理念，幫助讀者建立完整的陽宅風水知識。

　□陽宅方位學：鑑定陽宅要以測度的方位爲基準，才不會誤導方向。

　□陽宅格局選：作者特提供宅第格局的典型，讓讀者藉此實地認識。

　□陽宅古今談：風水理論在日常生活中所碰到的實際問題分析，讓讀者閱讀之後能夠吸收活用。

共　勉

　　余自鄉曲來，固鄙陋之士也，因悟盡天命乃星曜運數，民國六十年，承襲祖父輩至友桐安法老先生點化，其後歷經湖南派山理師承，中州派、飛星派命理師承，及慧老悉授卜理，跟隨菩老專習大茅法等等。如今，令

人陣陣黯泣的是，幾位五術前哲，菩老、慧老等都已經星散了，草枯木黃，無邊落葉紛紛下。

先師勉我：「心地乾淨，方可讀書學術。」而術數中最可貴者，乃於書中見聖賢、見仁義、見人性也。董公論山水曰：「千樹萬樹，無一筆是樹；千山萬山，無一筆是山；千筆萬筆，無一筆是筆。有處恰是無，無處恰是有，所以為逸。」古來名家，必歷覽名山大川，而後心胸始大，境界始出，便在培養此逸氣。術數家亦然，觀盡天下事，書盡萬卷，路行萬里，方能胸藏丘壑，筆生煙雲。一位睿智陽宅師的養成不易，勿震於汗牛充棟，儡於古籍晦澀，也勿墨守成規、刻舟求劍、死抱口訣，並且特別要重視術數倫理，才能言經綸天地，主宰乾坤。

陳之藩先生說過：「一個時代，總應該有個把言行高潔的志士，如果沒有，應該有個把叱吒風雲的英雄；再沒有，也應該有個把豪邁不羈的好漢，如果連這類屠狗的人全找不到，這個時代就太可憐了。」啊哈：悵釣魚人去，射虎人遙，陽宅風水師總該做個時代的屠狗人——為「陽宅學」立個紀念碑吧！

＊　　　　　　＊　　　　　　＊

如今，本書重新修訂出版，前台灣省政府教育廳第五科沈科長華海兄仍殷殷指導，這些教人趨吉避凶的大功德，應該歸屬於他，因為當初若沒有沈兄的領銜斧正，陽宅風水尚停留在民俗階段。

周建男　謹識

　　讀者若對書中所述內容有任何疑問，或有志在風
水學術方面作深入的研究，可直接與本書作者聯繫。

　　台灣省陽宅教育協會推廣教育中心
　　　地址：台中市公益路52號5樓
　　　電話：（04）3257346，2355553
　　　傳真：（04）3222174，2379935

台灣省陽宅教育協會理事長周建男老師

目　錄

第一篇　陽宅內方位

　　「方位」是陽宅學的核心，陽宅內方位是指以自宅中心點爲主，測度方位後，按位取卦象之意，而演繹出來的宅主行爲準則。

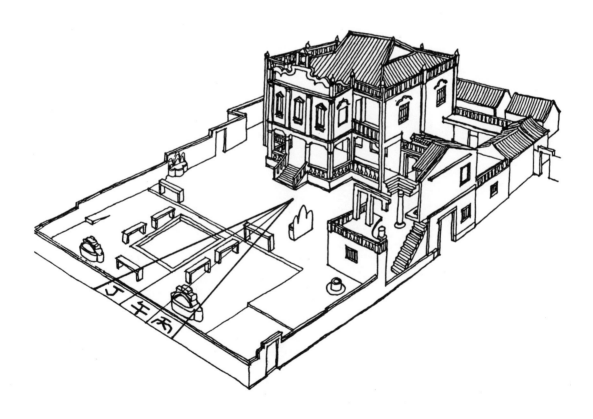

前　言

陽宅學術的核心是「方位學」，在中國各門術數中，都有濫芋充數的人物，而在風水學方面，濫芋充數者就更多，主要原因就是不懂「方位」為何物？「方位」之所以難懂，除了它是艱深「學術」之外，「派別」又多，甚至還要靠「經驗」，難怪非好幾年不為功。

(一)就艱深學術言：

方位為卦理術數，例如《玄空學卷三》就有實例言到：「會稽某宅，子午兼壬丙，七運造，頗美，但每日下午三時之後即有穿綠衣女鬼出現。」

按數據分析：「屋內有綠衣女鬼申時現，因雙七為坎，七為兌，兌為少女，二黑到乾，二為坤為母，五黃到艮為廉貞，即九離為中女，五黃又稱五鬼，此三方皆有河水放光，合坐下之七，即陰神成羣，故主女鬼。申時現，以坎為陰卦，申乃陰時，穿綠者，因槐映水作綠色，且屋暗故鬼棲焉。」不管你是否見過世間鬼魅，但此實例甚詳，方位數據應用一一解拆，艱深學術也。

(二)就派別之多言：

三元分成九運派或八運派，三元指一百八十年，上中下各占六十年，如蔣師、沈師採三元九運說，每運二十年。吳師此派則採五運說，把五運的二十年分為前十年歸於四運，後十年歸於六運，所以成為三元八運，還有一派主張三元八運，但劃分法卻不用吳師法則，乃根據八卦的卦爻，陽九年、陰六年來把一百八十年分作八運，同樣也沒有五運，如趙師。

派別如此之多，在事實上是否有影響？答案是肯定的。

例如：向西宅第，同樣玄空門派中，三元九運與趙師的分法就有分歧，玄空與八宅又有更大差異，所以我常告誡學員，陽宅理論除了精通各門竅訣之外，還要靠經驗。

(三)就鑑定經驗言：

　　某村甲宅，子午兼癸丁，七運造，門位在巽，正符合《紫白賦》裡所謂：「一四同宮，科名大利。」但實際上本宅第因理氣不佳，且宅中婦女與一和尚有染，其鑑定就要靠實例經驗了。

　　四為巽，為長女，宅第午方引入路，主外人來，為何外人斷為和尚，因向上挨星是六，六是乾、乾屬頭，在午為離，離性火，頭被火燒，故主光頭，但如何又斷光頭之人為和尚呢？巽為僧，故主來者為和尚也。

　　但最後在鑑定經驗中，必須要明瞭，此宅前必有抱肩砂，否則無此病，又凡主功名之一四必得令，失令之時便成淫亂，若與惡砂惡水相值，徵驗性更高。

　　以上言之，陽宅學說來很玄，但它是有自己的一套法則的，你認為它無稽，但它却自存理法，好此道的人就依據這個正確的方法，孜孜不倦地印證。

主題一　製圖程序

一、認識方位

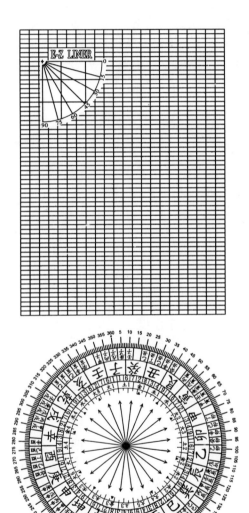

　　鑑定一棟陽宅的時候，首先應認識它的方位、坐向，再按所測度的方位來斷定吉凶。

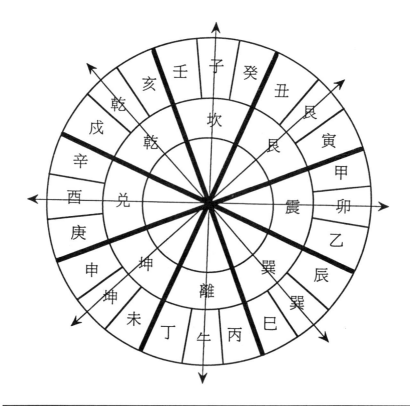

子＝ 352.5 － 　7.5 度		午＝ 172.5 － 187.5 度	
癸＝ 　7.5 － 22.5 度		丁＝ 187.5 － 202.5 度	
丑＝ 22.5 － 37.5 度		未＝ 202.5 － 217.5 度	
艮＝ 37.5 － 52.5 度		坤＝ 217.5 － 232.5 度	
寅＝ 52.5 － 67.5 度		申＝ 232.5 － 247.5 度	
甲＝ 67.5 － 82.5 度		庚＝ 247.5 － 262.5 度	
卯＝ 82.5 － 97.5 度		酉＝ 262.5 － 277.5 度	
乙＝ 97.5 － 112.5 度		辛＝ 277.5 － 292.5 度	
辰＝ 112.5 － 127.5 度		戌＝ 292.5 － 307.5 度	
巽＝ 127.5 － 142.5 度		乾＝ 307.5 － 322.5 度	
巳＝ 142.5 － 157.5 度		亥＝ 322.5 － 337.5 度	
丙＝ 157.5 － 172.5 度		壬＝ 337.5 － 352.5 度	

二、宅中心點

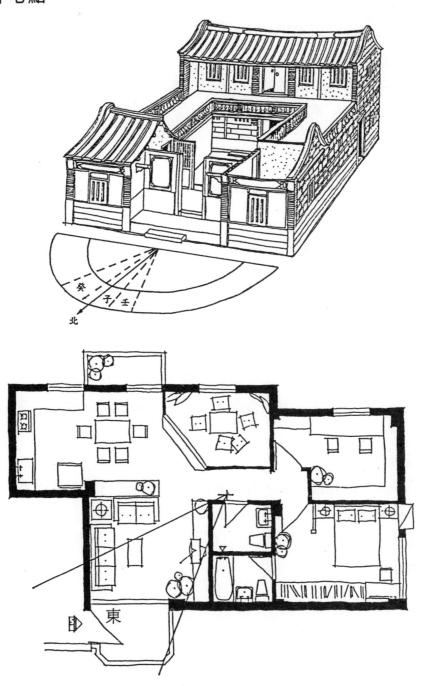

三、二十四方位

1.方法

　(1)測定正北零度：

　　站在屋宅裡實際中心點上，持穩羅經，找出正北零度，也就是三百六
十度的所在，並在平面圖上註記。

　(2)連接正子午線：

　　在平面圖上，用尺連接零度和中心點，畫上貫穿平面圖的一直線，連
接南北點，這條線叫做子午線。

　(3)找出七度半線：

　　用半圓形的分度器，（量角板），把九十度線對準子午線，左右各量
出七度半，並註記，再用尺和筆，畫出兩條交叉線，貫接全圖，圖上
就會出現二扇形面，上面就是正北方的「子」，下面就是正南方的「
午」。

　(4)畫分陽宅度數：

　　用分度器從右邊的七度半線順時鐘，每隔十五度畫個記號，然後照此
註記，經中心線，畫上直線，陽宅平面圖，就現出二十四方位的正確
位置。

　(5)辨別兼山方位：

　　畫好二十四方位之後，有時宅內設備會跨越兩個方位以上，此時仍應
以這些設備的正中心爲準，例如門位正好跨越了「未」、「丁」兩個
方位，但門位的中心點卻仍在「未」位之中，此時門位就視爲在「
未」位了。

2.辨位

(1)測定子午線

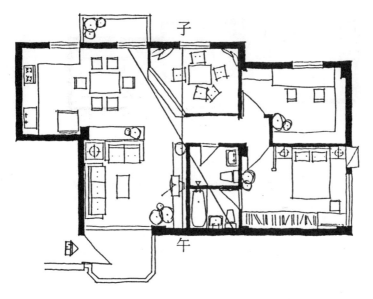

■經過中心點，連接正北（子）、正南（午）直線。

(2)測出七度半線

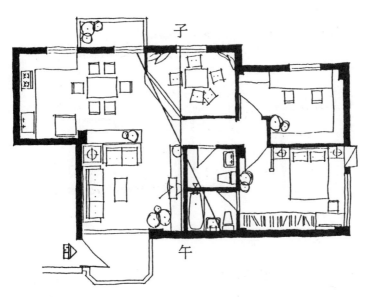

■以中心點為基準，在子午線的左右各測出七度半的度數。

(3)測出十五度方位

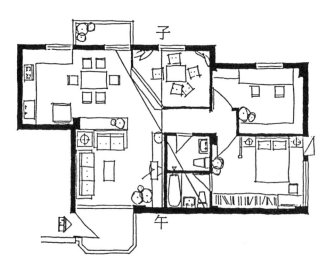

■ 在子午線的左右七度半，各畫一條通過中心點的直線，並每隔十五度定出方位。

(4)標示二十四方位

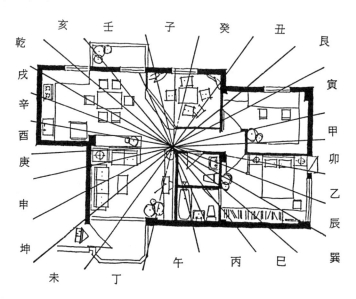

■ 標示二十四方位及卦位

　　測定陽宅中心點的方法，因住屋格局而有不同，可分下列情況判斷。

(1)對角線的交點爲中心點

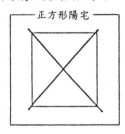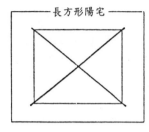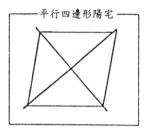

(2)凹凸視爲完整的四角形

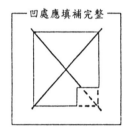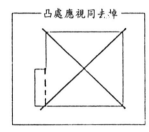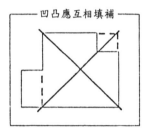

(3)中心點圖示

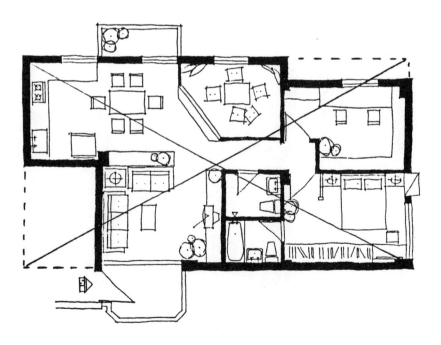

■陽宅平面求中心點

■在實際住宅的地板求中心點

四、實際製圖

作陽宅設計與吉凶鑑定時,畫出一張正確的平面圖,才可以很快地求出整個房子的中心點,確定了房宅中心點之後,才能正確來測定方位。

1.向與位:

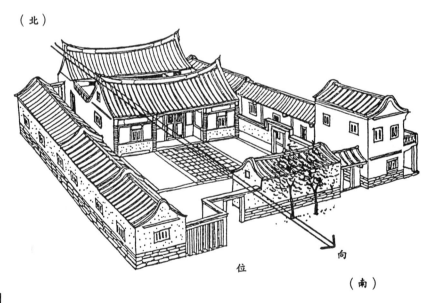

【說明】
(1)向:本宅坐正北朝正南。
(2)位:本宅外圍牆正門居西南位,朝正南向,外圍牆側門居東南位,朝正南向。

2.八方位

《八宅明鏡》主要是把陽宅劃分成八個方位來研究，並且測定吉凶。

【說明】
(1)大門：西南位，朝正南向。
(2)廚房：西北位。
(3)廁所：正東位。
(4) A 房：東南位，頭朝正東向。

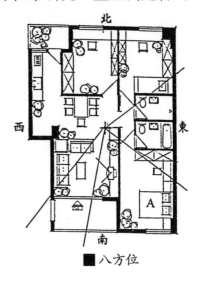

■ 八方位

3.住宅性質

畫一張陽宅平面圖，當然力求準確明瞭，並可依住宅性質來測定。

(1)新宅

購買新宅時，建設公司都有每間房子的平面圖，拿中意房子的平面圖，影印放大後就能正確地標示方位了。

(2)舊宅

住了幾年的古厝，沒有現成的平面圖，就應自己動手畫了，畫時最重要的是應注意各部份的比例及位置。

4.畫圖步驟

(1)丈量尺寸：細心丈量整間房子的尺寸比例，及隔牆厚度。

(2)標示位置：外殼平面圖確定正確之後，再標示主要部份的位置。

(1)

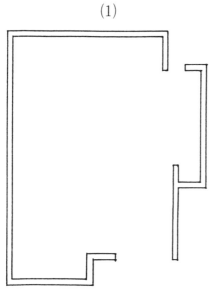

【說明】
平面圖應畫在繪圖紙的中間位置。

(2)

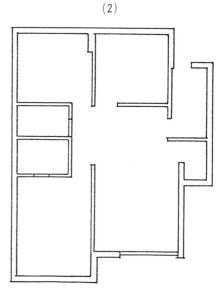

【說明】
先畫房子的牆殼範圍，再畫內部隔間牆線。

(3)

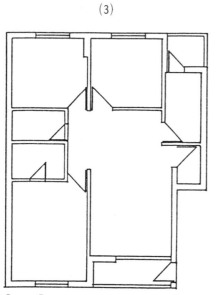

【說明】
牆線畫好後，再畫大門及房門。

(4)

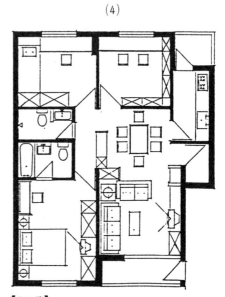

【說明】
最後標示各種重要設備的方位。

(5)陽宅立體圖標示法

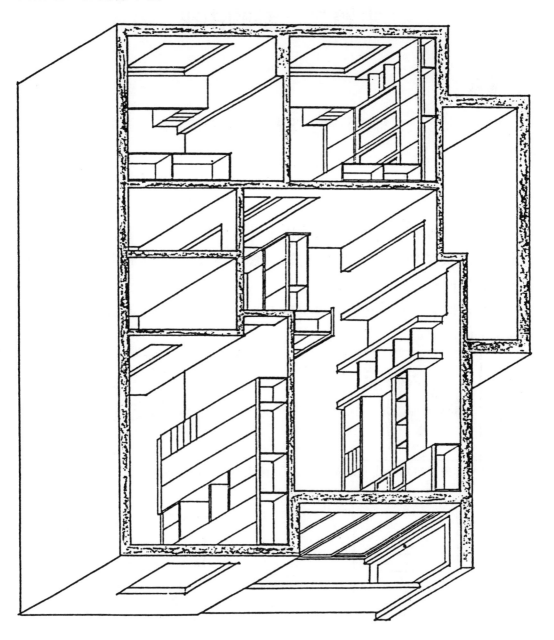

主題二 卦的由來

一、意義：

凡是方位，一定得依「卦」爲據，由卦而正「位」，正位然知其吉凶。

二、由來

八卦來自河洛圖形，所謂伏羲氏王天下，龍馬出河，遂成河圖；大禹治水，神龜負文列於背，遂成洛書。《繫辭傳》曰：「易有太極，是生兩儀，兩儀生四象，四象生八卦。」

而自古傳來，八卦又類生成①先天八卦②後天八卦③伏羲八卦④文王八卦等不同的卦象。

龍馬出河，因背斑點而誌，遂成河圖。

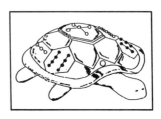

神龜出河，因背斑點而誌，遂成洛書。

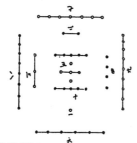

河圖說明：
　　●陰　○陽
一六共宗。　　二七同道。
三八為朋。　　四九為友。
五十相守。

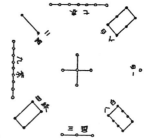

洛書說明：
　　●陰　○陽
九一合十。　　六四合十。
八二合十。　　三七合十。
載九履一。　　左三右七。
二四為肩。　　六八為足。

三、先天八卦

1.圖示

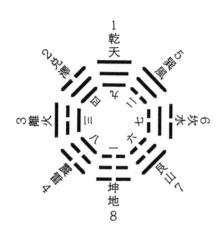

2.次序

乾	兌	離	震	巽	坎	艮	坤
1	2	3	4	5	6	7	8

3.原理

《易經》曰：「天地定位，山澤通氣，雷風相薄，水火不相射，八卦相錯。」此乃根據老少陰陽的相配合，得自然交媾之妙。

4.玄關

(1)數目：9

(2)內容

乾(1)　加　坤(8)　爲9：天地定位

兌(2)　加　艮(7)　爲9：山澤通氣　　　　八卦相錯

離(3)　加　坎(6)　爲9：水火不相射

震(4)　加　巽(5)　爲9：雷風相薄

(3)合數

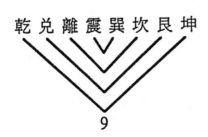

四、後天八卦

1.圖示

2.次序

坎　坤　震　巽　中　乾　兌　艮　離

1　2　3　4　5　6　7　8　9

（九星數，故陽宅以後天八卦爲主。）

3.原理

後天八卦乃根據四時節氣而定。

四時：春、夏、秋、冬。

節氣：金、木、水、火、土。

如此循環不息。

4.玄關

(1)數目：10

(2)內容：

坎(1)　加　離(9)　爲 10

坤(2)　加　艮(8)　爲 10

震(3)　加　兌(7)　爲 10

巽(4)　加　乾(6)　爲 10

5.方位

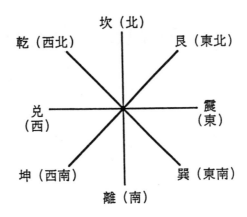

6.合數

10

五、六十四卦

上卦＼下卦	乾 天	兌 澤	離 火	震 雷	巽 風	坎 水	艮 山	坤 地
乾 天	乾爲天	天澤履	天火同人	天雷无妄	天風姤	天水訟	天山遯	天地否
兌 澤	澤天夬	兌爲澤	澤火革	澤雷隨	澤風大過	澤水困	澤山咸	澤地萃
離 火	火天大有	火澤暌	離爲火	火雷噬嗑	火風鼎	火水未濟	火山旅	火地晉
震 雷	雷天大壯	雷澤歸妹	雷火豐	震爲雷	雷風恒	雷水解	雷山小過	雷地豫
巽 風	風天小畜	風澤中孚	風火家人	風雷益	巽爲風	風水渙	風山漸	風地觀
坎 水	水天需	水澤節	水火既濟	水雷屯	水風井	坎爲水	水山蹇	水地比
艮 山	山天大畜	山澤損	山火賁	山雷頤	山風蠱	山水蒙	艮爲山	山地剝
坤 地	地天泰	地澤臨	地火明夷	地雷復	地風升	地水師	地山謙	坤爲地

主題三　五行由來

一、起源

　　書經、易經早有五行之說，西漢初年，首次把五行之數用於堪輿術數，遂成體系。

二、涵義

1.五：五種元素、帝王觀念、五方等。
2.行：《鄭康成》釋曰：「順天行事」。作者以為自然規律，地球自轉、公轉之星際運行也。

三、象徵

　　(1)五行與方位　　(2)五行與四時
　　(3)五行與五色　　(4)五行與八卦
　　(5)五行與九星　　(6)五行與五星
　　五者歸中之意，地理以五黃、五廉、五鬼為土煞。

四、五行圖示：

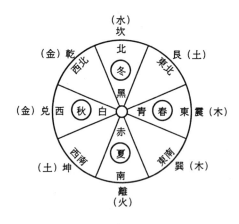

五、生剋圖示：

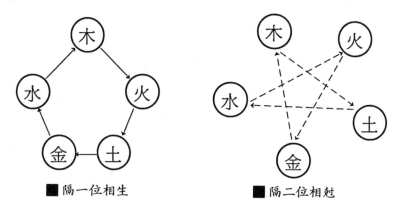

■隔一位相生　　　　　　　　■隔二位相剋

六、十天干

1.內容：

　甲、乙、丙、丁、戊、己、庚、辛、壬、癸。

2.陰陽：

　陽干：甲、丙、戊、庚、壬。

　陰干：乙、丁、己、辛、癸。

3.相生：

　東方甲乙木　　生　　南方丙丁火。

　南方丙丁火　　生　　中宮戊己土。

　中宮戊己土　　生　　西方庚辛金。

　西方庚辛金　　生　　北方壬癸水。

　北方壬癸水　　生　　東方甲乙木。

4.相剋：

　甲乙木　　剋　　戊己土。

　戊己土　　剋　　壬癸水。

　壬癸水　　剋　　丙丁火。

　丙丁火　　剋　　庚辛金。

　庚辛金　　剋　　甲乙木。

七、十二地支

1.內容：
　　子、丑、寅、卯、辰、巳、午、未、申、酉、戌、亥。

2.陰陽：
　　陽支：子、寅、辰、午、申、戌。
　　陰支：丑、卯、巳、未、酉、亥。

3.三合：
　　申子辰合水局、亥卯未合木局、寅午戌合火局、巳酉丑合金局、辰戌丑
　　未四庫合化土局。

4.六合：
　　子丑合、寅亥合、卯戌合、辰酉合、巳申合、午未合。

5.相沖：
　　子午沖、丑未沖、寅申沖、卯酉沖、辰戌沖、巳亥沖。

6.相刑：
　　寅巳相刑、巳申相刑、申寅相刑、丑戌相刑。
　　戌未相刑、未丑相刑、卯子相刑、子午相刑。
　　辰刑辰、午刑午、酉刑酉、亥刑亥。

7.生肖：
　　子（鼠）、丑（牛）、寅（虎）、卯（兔）、辰（龍）、巳（蛇）、
　　午（馬）、未（羊）、申（猴）、酉（雞）、戌（狗）、亥（豬）。

8.時辰：
　　子（ 23 － 1時）、丑（ 1 － 3時）、寅（ 3 － 5時）、
　　卯（ 5 － 7時）、辰（ 7 － 9時）、巳（ 9 － 11時）、
　　午（ 11 － 13時）、未（ 13 － 15時）、申（ 15 － 17時）、
　　酉（ 17 － 19時）、戌（ 19 － 21時）、亥（ 21 － 23時）。

八、應用：

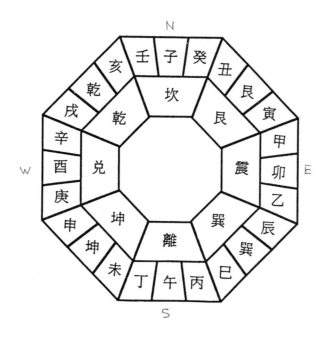

■天干地支與後天八卦應用圖

主題四　卦與五行

一、八卦方位

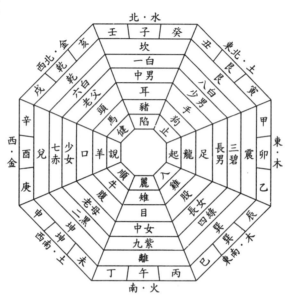

二、卦位應用

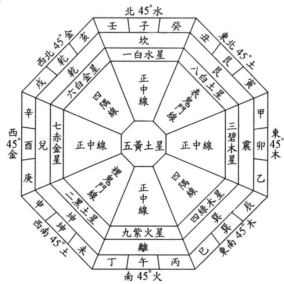

三、九宮八卦

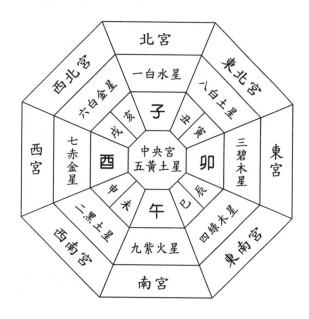

四、八卦象意

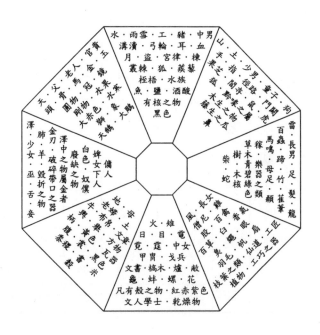

主題五　八宅星宮生剋

一、原則：

　　星指九星，宮爲八卦方位；星有五行，八卦也有五行，五行產生生剋，「星宮生剋」是在探討「星」入「宮」產生生剋的情形，洛書之九星中，以紫白爲吉星，碧綠黑赤爲凶星，凡紫白所臨之宮，皆爲吉祥，但星與宮之五行不相生，則雖吉不吉，而碧綠黑赤雖爲凶星，但星與宮之五行，如相生，則雖凶不凶。

民前53年起迄	甲子	乙丑	丙寅	丁卯	戊辰	己巳	庚午	辛未	壬申	起　例
民國12年爲上元。	癸酉	甲戌	乙亥	丙子	丁丑	戊寅	己卯	庚辰	辛巳	
民國13年起迄	壬午	癸未	甲申	乙酉	丙戌	丁亥	戊子	己丑	庚寅	下元甲子年七赤起中宮。
民國72年爲中元。	辛卯	壬辰	癸巳	甲午	乙未	丙申	丁酉	戊戌	己亥	中元甲子年四綠起中宮。
民國73年起迄	庚子	辛丑	壬寅	癸卯	甲辰	乙巳	丙午	丁未	戊申	上元甲子年一白起中宮。
民國132年爲下元。	己酉	庚戌	辛亥	壬子	癸丑	甲寅	乙卯	丙辰	丁巳	

上元	中元	下元	戊午	己未	庚申	辛酉	壬戌	癸亥			
一白	四綠	七赤	中	乾	兌	艮	離	坎	坤	震	巽
二黑	五黃	八白	乾	兌	艮	離	坎	坤	震	巽	中
三碧	六白	九紫	兌	艮	離	坎	坤	震	巽	中	乾
四綠	七赤	一白	艮	離	坎	坤	震	巽	中	乾	兌
五黃	八白	二黑	離	坎	坤	震	巽	中	乾	兌	艮
六白	九紫	三碧	坎	坤	震	巽	中	乾	兌	艮	離
七赤	一白	四綠	坤	震	巽	中	乾	兌	艮	離	坎
八白	二黑	五黃	震	巽	中	乾	兌	艮	離	坎	坤
九紫	三碧	六白	巽	中	乾	兌	艮	離	坎	坤	震

二、內容

1.坎局九宮：一白入中

2.坤局九宮：二黑入中

3.震局九宮：三碧入中

4.巽局九宮：四綠入中

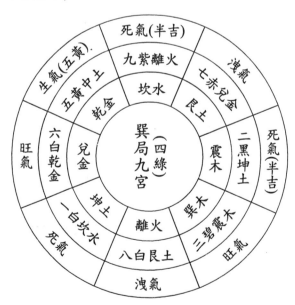

5.乾局九宮：六白入中

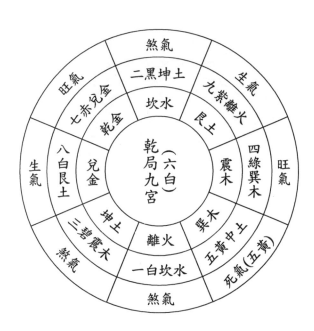

6.兌局九宮：七赤入中

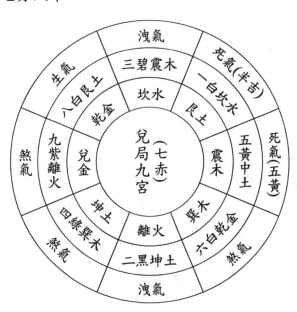

7.艮局九宮：八白入中

8.離局九宮：九紫入中

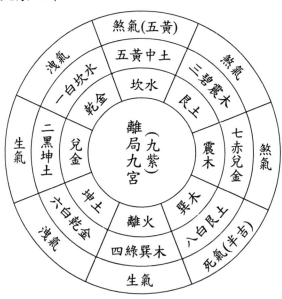

主題六　八宅星宮陰陽

一、原則

九　　星	八　卦　宮	性　　　　別
武曲延年金	乾　金	陽
文曲六煞水	坎　水	陽
巨門天醫土	艮　土	陽
貪狼生氣木	震　木	陽
輔弼伏位木	巽　木	陰
廉貞五鬼火	離　火	陰
祿存禍害土	坤　土	陰
破軍絕命金	兌　金	陰

宮星同道：陽星臨於陽宮。陰星臨於陰宮。不論生尅。
宮星相尅：陽星臨於陰宮。陰星臨於陽宮。必論生尅。
內尅外：星爲內。宮爲外。星來尅宮。內戰。半凶。
外尅內：星爲內。宮爲外。宮來尅星。外戰。全凶。

二、內容

1.西四宅—坤山

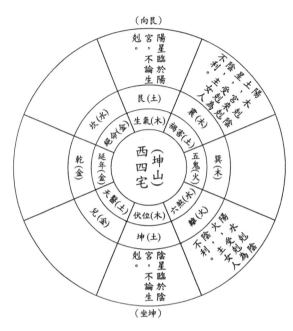

2.西四宅—巽山

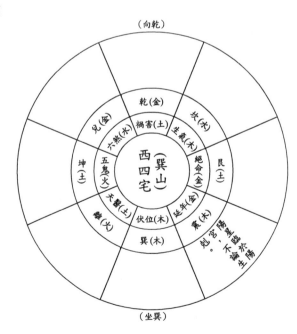

3.西四宅—震山

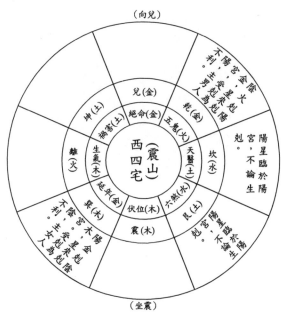

4.西四宅—艮山

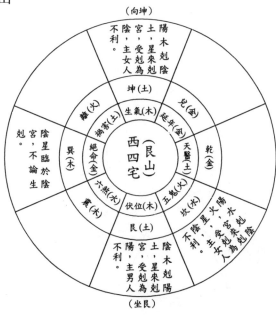

5.東四宅—乾山

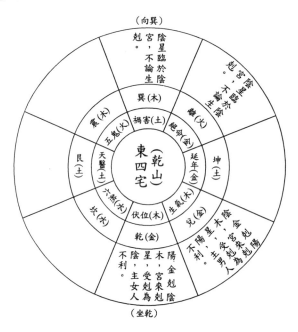

6.東四宅—離山

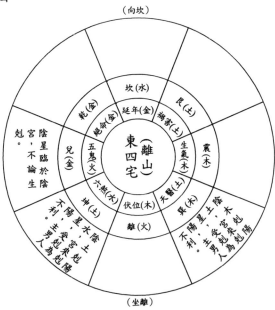

7.東四宅─坎山

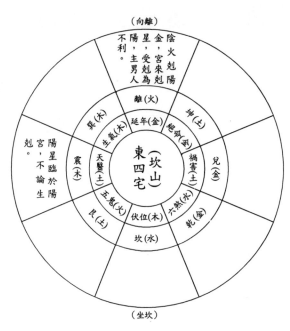

（向離）

陰星金，受剋為陽宮火剋陽，主男人不利。

離(火)

巽(木)　延年(金)　坤(土)
生氣(木)　絕命(金)

震(木)　天醫(土)　東四宅（坎山）　禍害(土)　兌(金)

陽星臨於陽宮，不論生剋。

五鬼(火)　伏位(木)　六煞(水)
艮(土)　坎(水)　乾(金)

（坐坎）

8.東四宅─兌山

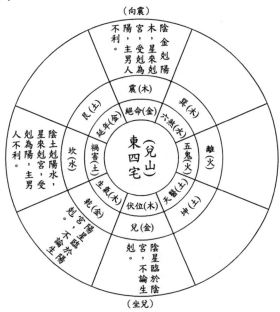

（向震）

陰宮木，受剋為陽，主男人不利。　陰金剋陽

震(木)

艮(土)　絕命(金)　巽(木)
延年(金)　六煞(木)

坎(水)　禍害(土)　東四宅（兌山）　五鬼(火)　離(火)

陰土剋陽水，受剋星來剋陽宮，主男人不利。

乾(金)　生氣(木)　天醫(土)
伏位(木)　坤(土)
兌(金)

陰星臨於陰宮，不論生剋。

（坐兌）

主題七　陽宅方位析論

在台中忠明路某大廈某樓，有一間頗具規模的仲介公司，股東三人，其中一名股東經常患病。

有一天，那位經常患病的股東，突然感到極度不適，腹部極爲痛楚，結果被送入醫院檢驗，原來是急性盲腸炎，需要立即開刀施割除手術。

就在那位股東被送入院的翌日，剛好是星期天，公司放假，其中一位姓邱的股東就想起可能是風水問題，由於他與我是舊識，只是他本人不大相信風水這回事，所以雖然有時進城隍廟，也從沒有求籤之意念，一直沒有請我去看過風水。

而這次由於其中一位股東入了醫院，他忽然興起這樣的念頭，我在接到老邱的電話時，心裏也奇怪，爲甚麼這個從不信風水的人，突然會改變了呢？但念在與他是幾年老友，只有答應他。

那天，由於是星期日，公司放假，所以公司裏並無任何職員上班。老邱帶著我在辦公室裏走了一遍，到其中一間房，我問老邱：「你知道平常坐這個位置辦公的人是哪一年出生的嗎？」

老邱說不知道，但表示可以打電話去查，不一會回來便對我說：「他說是四一年出生的。」

我正色的對老邱說：「依我的計算，平日坐在這個位置辦公的人，他的腹部必然有問題，除非他已長久沒有回來辦公，否則現時已經可能在醫院！」至此，老邱真的啞口無言了。

風水對判斷疾病，徵驗性相當高，它是憑挨星的數據和卦位，決定在哪個位置安牀或辦公的人會生病，而且生的是甚麼病，能判斷得十分準確。

說來似乎甚爲神秘，其實它是有自己的一套法則的，如損主位到底是

損在甚麼地方，就憑卦位來決定，如乾爲頭、坤爲腹、離爲眼等等，所以有功力的陽宅師，對這些事都能作出準確的判斷。

對於疾病，有些醫生亦認爲是「來無影、去無蹤」的，舉例來說，一家人男女老少，居住的環境相同，食物的情況亦無甚差異，但偏偏其中某人會有病，而其他人卻又沒有病，理由在哪裏呢？

或者你會說某人有病，可能是他在外邊不慎受到細菌的傳染，但有不少疾病如癌症等，是不傳染的，那麼又如何解釋？

我曾在幾個縣市發表過演說，都以此爲題，其中就曾說過，如致癌物質，到現在已發現有多種，但患癌症的人，是否都因曾接觸過某些致癌物質而致病，至今仍屬一個謎！舉例來說，如抽煙可致癌，但有些從不抽煙的人，爲甚麼又會有癌症呢？

所以，我一直都認爲，對一些至今還是謎一樣的疾病，可能在風水上找到具有科學的答案，而我更常認爲在中國那麼多門術數中，風水學會是隨著針灸學之後，最先找到科學上的根據的。

因爲我覺得，風水學其實是一門有關磁場的學問，地球是一個大磁場，我們長期生長在其中，必然是受其影響的，只是風水學不稱之爲磁場，而稱它爲「太極」。

所以風水學替一間大廈設計其坐向便稱之爲「立極」，也就是說當一間新大廈落成後，大廈本身便是一個新太極，其中層數與各房間，又各自形成自己的「小太極」，換句話說，它的觀念應是在地球上興建房屋，房屋本身就形成一個新的磁場，其中層數與各房間，又出現不同的磁場。

在都市有不少的大廈，特別是在兩街相接處的，對於測定其主向，很多風水師都覺得困難，既好像這個座向，又好像那個座向，所以，有些謹慎的風水師，便有以兩個術數同時計算之舉，目的就在避免一錯到底。

測定一間大廈的立向，最爲講究經驗，特別是在大廈林立的地方，常因羅經的磁針，受到建築物鋼筋鐵條等影響而誤移，結果就會作出不正確的判斷。

因爲羅經的磁針是相當敏感的，使用過羅經的人都會知道，常常在某

一大廈門外測得其座向後，入屋再測時則往往會有很大的差異者，這就是羅經受到建築物內鋼筋鐵條的影響所致。

而測定座向，在風水上是十分重要的一個步驟，因為稍有出錯，便可以使整個推論數據都錯的，所以如何準確的測定座向，也各師其法，有人只在大廈門外測量，也有人在離開大廈較遠的地方測量，兩種方法都在取得正確卦位。也有人除了用上述方法外，更兼到不同地點測量多次，觀察其間的差別，再加上經驗然後定其卦位。

但無論如何，測定座向與方位是十分講究經驗的一回事。

我一再說明，陽宅學是十分重視座向卦位的，舉例來說，如說向正東吧！向正東就有甲卯乙三卦，是庚申向呢？還是酉卯向呢？其間就有很大的差別。除此之外，還有巒頭理氣等的影響，不懂陽宅風水的讀者，如何能做到詳細的論斷呢？

所以，我就把大門位、主臥位、爐灶向稱之為「陽宅三要」，依位向排列共成六十四類卦，每宅卦有其特色，希學者以對。

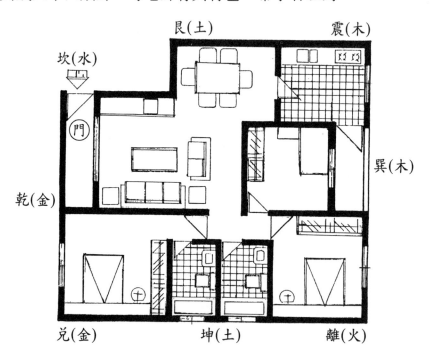

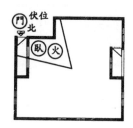 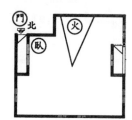 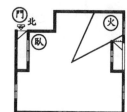 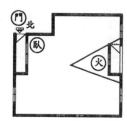

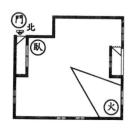 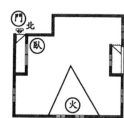 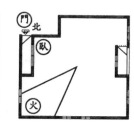 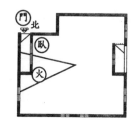

坎門坎臥——伏位宅

門、臥配八灶	吉　凶	應　驗　事　項
坎　灶	吉	初年大發富貴。
	凶	久則剋妻乏嗣。
艮　灶	大凶	中男不利，小口死亡。
震　灶	吉	初年發福，樂善好施。
	凶	久則剋妻傷子。
巽　灶	吉	福祿壽全，大吉大利。
離　灶	次吉	可多子添孫。
坤　灶	凶	中男不利。
兌　灶	不吉	婦人夭亡。
乾　灶	凶	剋妻傷子。

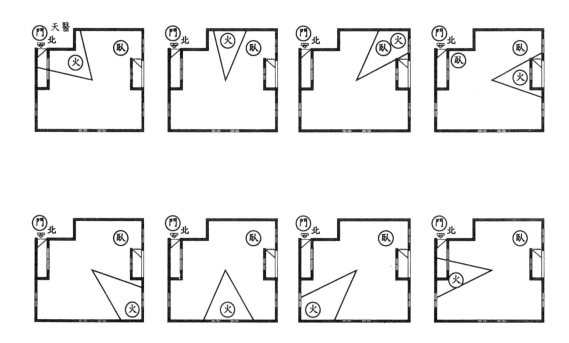

坎門震臥——天醫宅

門、臥配八灶	吉 凶	應 驗 事 項
坎 灶	吉	初年大發富貴，福祿雙全。
	凶	久則乏嗣寡居。
艮 灶	大凶	諸事不利。
震 灶	吉	初年大吉大利。
	凶	久則不利。
巽 灶	大吉	福祿壽全。
離 灶	吉	人丁大旺，富貴雙全。
坤 灶	不吉	斷續應驗時疾。
兌 灶	不吉	男兒不利。
乾 灶	大凶	諸事不利，久居乏嗣。

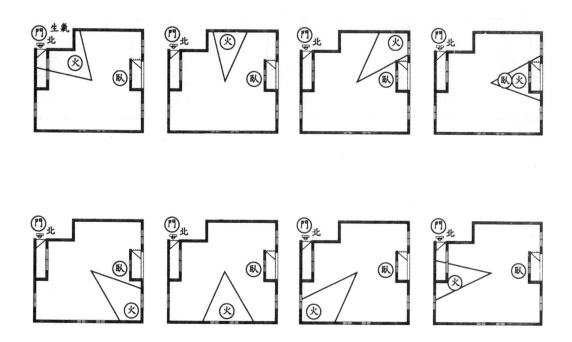

坎門巽臥——生氣宅

門、臥配八灶	吉　凶	應　驗　事　項
坎　灶	大吉	福壽康寧。
艮　灶	凶	官非多，小兒難養，乏嗣寡居，脾胃病。
震　灶	大吉	福壽齊全，大吉大利。
巽　灶	大吉	福壽康寧。
離　灶	吉	發福發貴，生四、五子。
坤　灶	大凶	男女壽夭，中男絕嗣。
兌　灶	平平	不利陰人。
乾　灶	凶	長婦不利，心痛，腿痛，產亡。

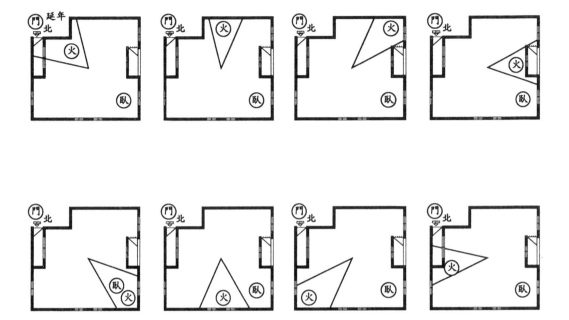

坎門離臥──延年宅

門、臥配八灶	吉　凶	應　驗　事　項
坎　灶	吉	一生平順安康。
艮　灶	凶	小兒不利，婦女刁惡，重娶妻妾。
震　灶	大吉	產三子，子孝孫賢。
巽　灶	大吉	男聰女秀，出賢德婦女。 丁財兩旺，科甲連綿。
離　灶	大吉	福壽康寧。
坤　灶	不吉	男女受剋，損壽乏嗣。
兌　灶	凶	少婦夭亡，婦女淫亂。
乾　灶	不吉	剋夫，生惡瘡、眼疾，男女短壽。

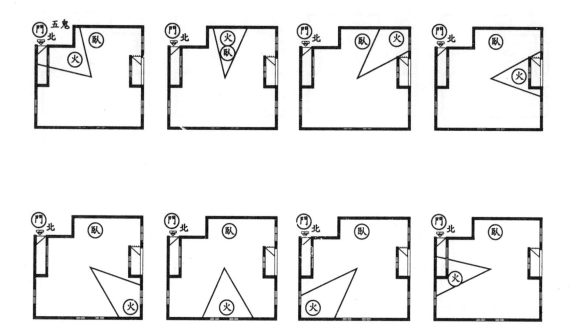

坎門艮臥──五鬼宅

門、臥配八灶	吉 凶	應 驗 事 項
坎 灶	不吉	傷人破財，短壽乏嗣。
艮 灶	凶	斷續應驗時疾。
震 灶	半吉	財利不缺，一生平順。
	半凶	常犯小人口舌。
巽 灶	大吉	福壽康寧，但小兒不利。
離 灶	吉	婦女性剛，小口不利。
坤 灶	半吉	財利不缺，一生平順
	半凶	中男不利。黃腫積塊。心腹疼痛。
兌 灶	半吉	諸事順遂，但婚女不利。
乾 灶	半吉	諸事尚順，久則剋妻乏嗣。

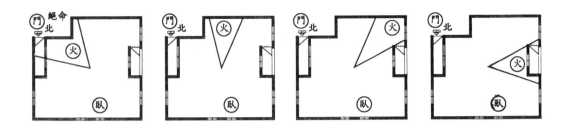

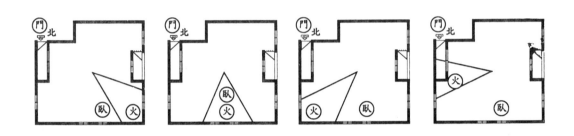

坎門坤臥──絕命宅

門、臥配八灶	吉　凶	應　驗　事　項
坎　灶	不吉	斷續應驗時疾。
艮　灶	不吉	小兒不利，中男夭亡。
震　灶	凶	老母不利，田產敗散，黃腫瘡疾。
巽　灶	不吉	婦女夭亡。
離　灶	半吉 半凶	斷續應驗時疾。
坤　灶	凶	中男短壽，乏嗣，散財不利。
兌　灶	半吉 半凶	斷續應驗時疾。
乾　灶	吉凶 兼半	斷續應驗時疾。

 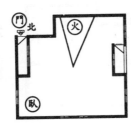 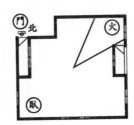 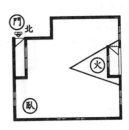

 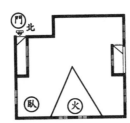 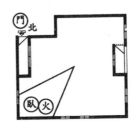 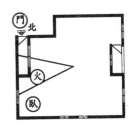

坎門兌臥——禍害宅

門、臥配八灶	吉　凶	應　驗　事　項
坎 灶	不吉	斷續應驗時疾，意外。
艮 灶	吉	富貴榮昌。
	凶	凶死不利。
震 灶	凶	男女夭亡。
巽 灶	凶	婦女不利。
離 灶	凶	婦女不利，主惡瘡凶死。
坤 灶	半吉半凶	可發財。
兌 灶	半吉半凶	諸事尚順，但男女短壽。
乾 灶	半吉半凶	斷續應驗時疾。

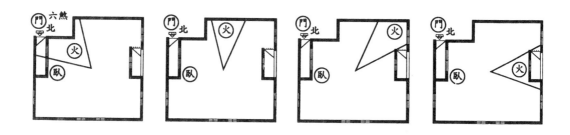

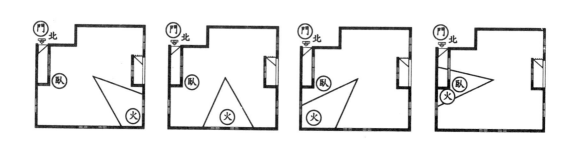

坎門乾臥──六煞宅

門、臥配八灶	吉 凶	應 驗 事 項
坎 灶	不吉	破財，乏嗣，剋妻傷子。
艮 灶	半吉 半凶	斷續應驗是非。
震 灶	吉凶 兼半	斷續應驗時疾、是非。
巽 灶	凶	傷賢婦女，人丁旺，破財勞苦。
離 灶	凶	主老翁短壽，剋妻。
坤 灶	半吉 半凶	中男不吉。
兌 灶	吉凶 兼半	斷續應驗時疾。
乾 灶	半吉	缺丁剋妻。

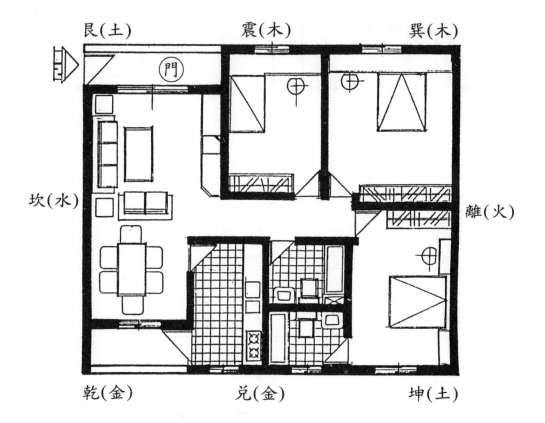

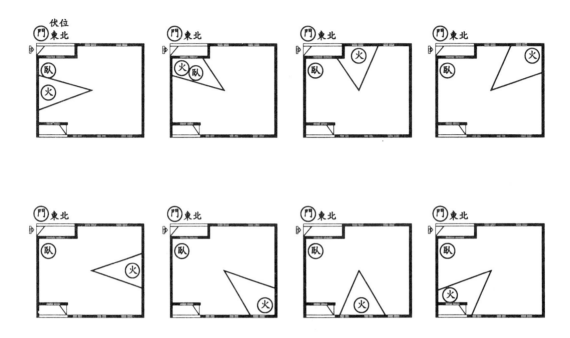

艮門艮臥──伏位宅

門、臥配八灶	吉　凶	應　驗　事　項
坎 灶	大凶	諸事不順利。
艮 灶	半吉	有財無丁。
震 灶	凶	傷妻絕嗣。
巽 灶	凶	寡居，缺嗣，婦女掌家，小兒脾疾，義子過繼。
離 灶	吉	初年發福。
	凶	久則悍婦攬家，女權當政。
坤 灶	吉	福壽康寧。
兌 灶	大吉	福壽康寧。
乾 灶	吉	初年發富貴，父子好善。
	凶	久則絕嗣，剋妻。

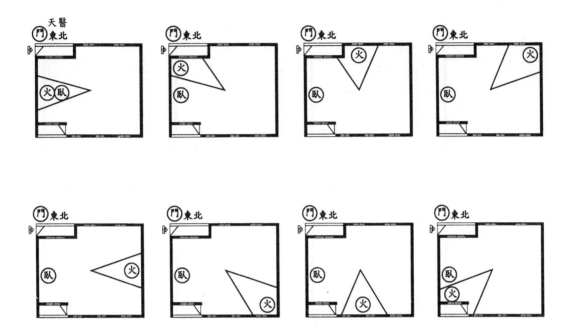

艮門乾臥──天醫宅

門、臥配八灶	吉 凶	應 驗 事 項
坎 灶	凶	小兒夭亡。
艮 灶	半吉	**斷續應驗意外。**
震 灶	凶	**斷續應驗時疾、是非。**
巽 灶	不吉	男女夭壽。
離 灶	凶	破財,缺嗣,寡居,眼疾惡瘡。
坤 灶	吉	福壽康寧。
兌 灶	吉	福壽康寧。
乾 灶	半吉	但純陽無陰之卦象,缺嗣剋妻。

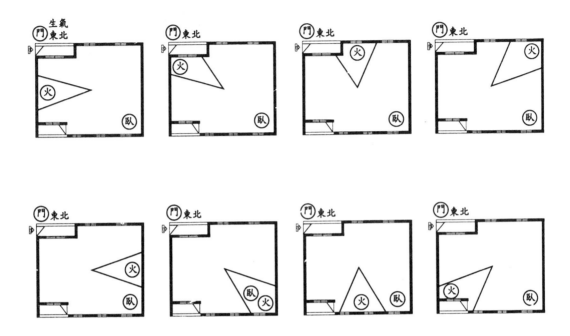

艮門坤臥──生氣宅

門、臥配八灶	吉　凶	應　　驗　　事　　項
坎　灶	大凶	斷續應驗時疾。
艮　灶	吉	福壽康寧。
震　灶	凶	男女夭亡，小兒難養，官非，家道不和。
巽　灶	不吉	主絕嗣。
離　灶	不吉	主出悍婦，河東獅吼。
坤　灶	吉	福壽康寧。
兌　灶	吉	大吉大利。
乾　灶	大吉	福壽康寧。

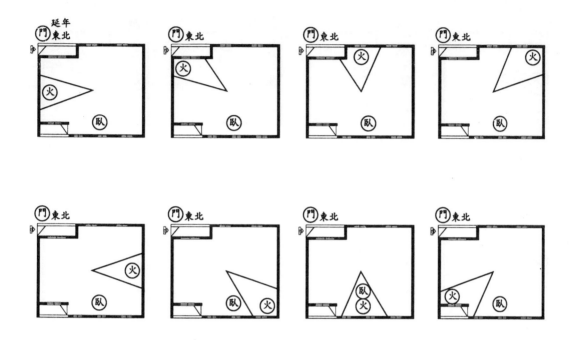

艮門兌臥───延年宅

門、臥配八灶	吉　凶	應　驗　事　項
坎 灶	大凶	斷續應驗意外。
艮 灶	大吉	福壽康寧。
震 灶	凶	斷續應驗時疾。
巽 灶	不吉	缺嗣，婦女短壽。
離 灶	凶	少婦凶死。
坤 灶	大吉	生三子或五子，福祿壽齊全。
兌 灶	吉	賢婦持家，出秀女。
乾 灶	大吉	連發富貴，壽享耄耋。

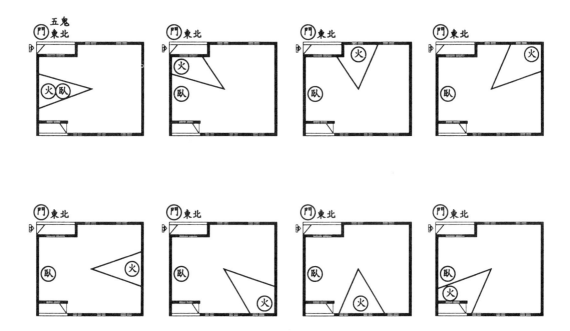

艮門坎臥——五鬼宅

門、臥配八灶	吉 凶	應 驗 事 項
坎 灶	大凶	禍從天降，諸事不利。
艮 灶	凶	斷續應驗時疾、小人。
震 灶	凶	斷續應驗時疾、小人。
巽 灶	不吉	得黃腫（脾）病，風病，寡居。
離 灶	不吉	悍婦攬家，女權當政。
坤 灶	不吉	中男短壽。
兌 灶	平安	諸事平順。
乾 灶	凶	剋妻傷子，破財，淫蕩，賭博。

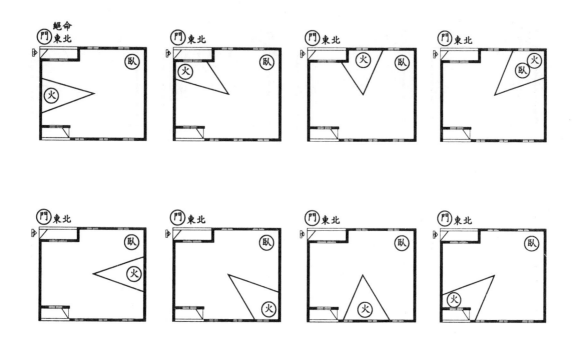

艮門巽臥──絕命宅

門、臥配八灶	吉　凶	應　驗　事　項
坎 灶	凶	斷續應驗時疾、意外。
艮 灶	不吉	斷續應驗時疾。
震 灶	凶	小兒難養，絕嗣。
巽 灶	凶	寡母孤兒，抱養異姓。
離 灶	凶	悍婦專權，經脈不調，久則血山崩漏。
坤 灶	凶	男女不利。
兌 灶	凶	婦女夭亡。
乾 灶	凶	墮胎產亡，筋骨疼痛。

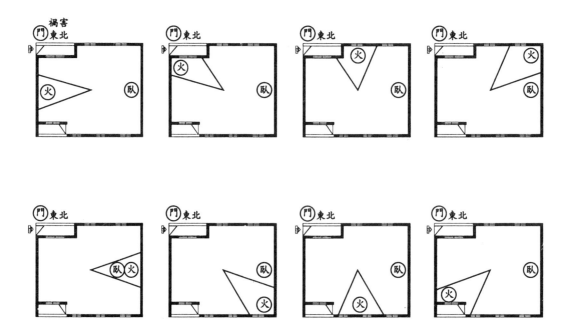

艮門離臥——禍害宅

門、臥配八灶	吉　凶	應　驗　事　項
坎　灶	大凶	斷續應驗時疾、意外。
艮　灶	小吉	初年發財，稍吉。
震　灶	不吉	乏嗣。
巽　灶	凶	寡居絕嗣。
離　灶	半吉	婦女當家，妻奪夫權。
坤　灶	吉	可發財。
兌　灶	凶	少婦凶死。
乾　灶	凶	丈夫短壽。

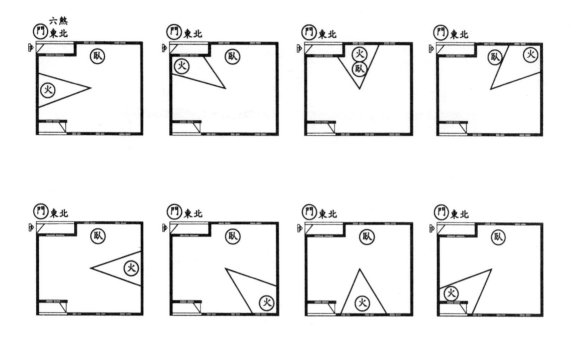

艮門震臥──六煞宅

門、臥配八灶	吉　凶	應　驗　事　項
坎 灶	大凶	斷續應驗時疾、意外、小人。
艮 灶	不吉	斷續應驗時疾。
震 灶	不吉	破財不利。
巽 灶	凶	寡居絕嗣，風疾，黃腫脾病。
離 灶	吉凶兼半	斷續應驗時疾。
坤 灶	不吉	斷續應驗時疾。
兌 灶	吉	主發財。
	凶	剋男，寡婦持家。
乾 灶	凶	斷續應驗時疾。

震(木)

艮(土)

巽(木)

門

坎(水)

離(火)

乾(金)

兌(金)

坤(土)

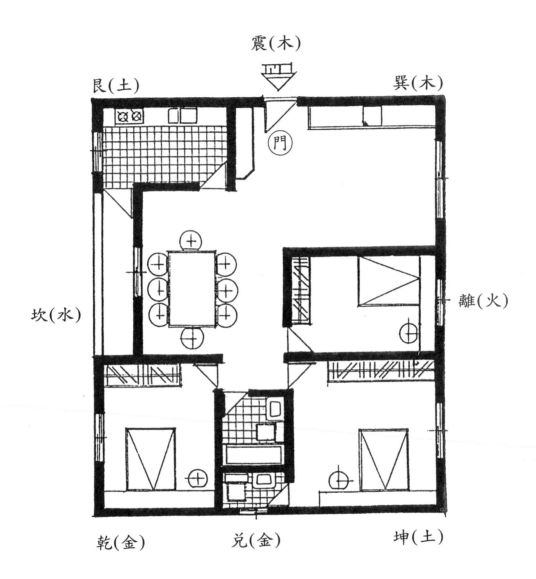

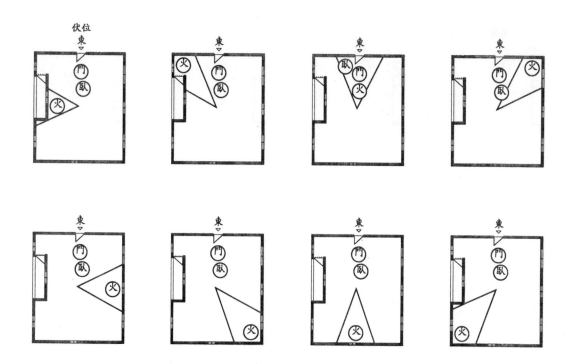

震門震臥──伏位宅

門、臥配八灶	吉 凶	應　驗　事　項
坎 灶	吉	初年大發。
	凶	久則乏嗣，寡居，不利。
艮 灶	凶	破財，小兒黃腫脾病。
震 灶	吉	初年雖利。
	凶	久則乏嗣剋妻。
巽 灶	大吉	福祿壽齊全。
離 灶	吉	諸事順利。
坤 灶	不吉	老母不利，脾胃黃腫。
兌 灶	凶	人丁不旺，男女短壽。筋骨疼痛。
乾 灶	大凶	諸事不利，人亡敗家。

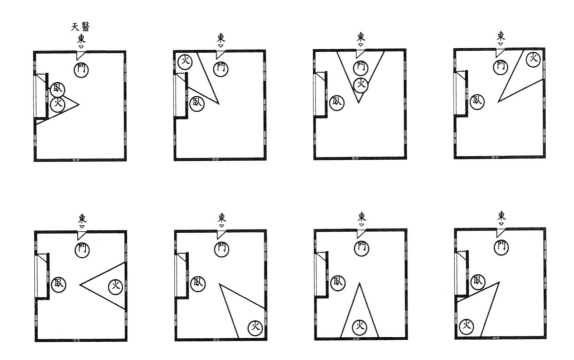

震門坎臥——天醫宅

門、臥配八灶	吉 凶	應　驗　事　項
坎 灶	小吉	諸事順遂，但久則傷妻剋子。
艮 灶	凶	男女短壽，小兒不利。
震 灶	小吉	諸事順遂，但久則乏嗣。
巽 灶	吉	諸事順利，富貴榮華。
離 灶	吉	福壽康寧。
坤 灶	凶	斷續應驗時疾。
兌 灶	凶	男女夭亡。
乾 灶	大凶	斷續應驗時疾、意外。

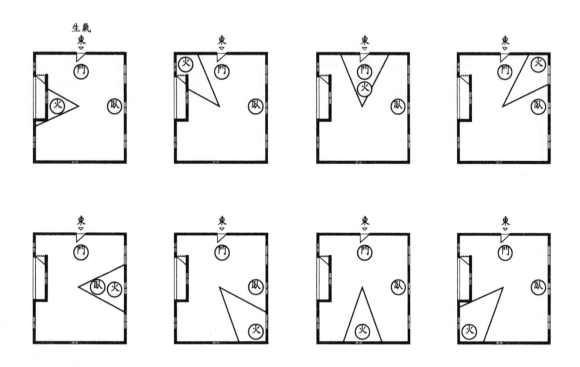

震門離臥──生氣宅

門、臥配八灶	吉　凶	應　驗　事　項
坎　灶	大吉	福壽康寧。
艮　灶	凶	乏嗣，夭壽，破財。
震　灶	吉	福壽康寧。
巽　灶	大吉	夫妻和諧。
離　灶	吉	主出賢婦女，興家立業。
坤　灶	不吉	斷續應驗時疾。
兌　灶	大凶	斷續應驗時疾、小人。
乾　灶	大凶	百事不順，破敗。

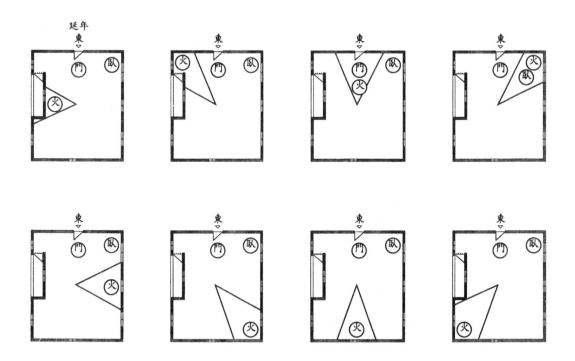

震門巽臥——延年宅

門、臥配八灶	吉凶	應驗事項
坎灶	大吉	福壽康寧。
艮灶	不吉	乏嗣，破財。
震灶	大吉	福壽康寧。
巽灶	大吉	福壽康寧。
離灶	大吉	男聰女秀，家道順利。
坤灶	凶	老母夭亡。
兌灶	不吉	男女夭壽。
乾灶	大凶	剋妻傷子。

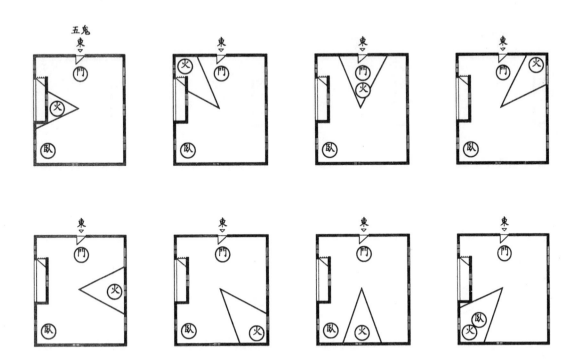

震門乾臥——五鬼宅

門、臥配八灶	吉　凶	應　驗　事　項
坎　灶	凶	亂淫，賭博，乏嗣，破財
艮　灶	凶	乏嗣，黃腫，風疾。
震　灶	凶	**斷續應驗**小人、時疾、意外。
巽　灶	凶	婦女夭壽，筋骨疼痛，凶死。
離　灶	凶	男女短壽，眼疾，惡瘡，咳嗽吐痰。
坤　灶	凶	婦女不利，黃腫脾胃病。
兌　灶	凶	**斷續應驗**小人。
乾　灶	大凶	男女短壽，諸事不利。

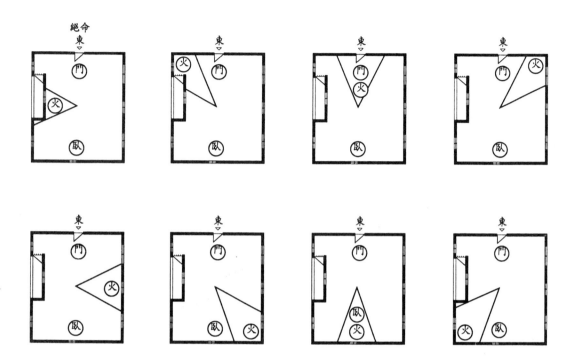

震門兌臥──絕命宅

門、臥配八灶	吉 凶	應 驗 事 項
坎 灶	小吉	平安，但久則男女短壽。
艮 灶	凶	小兒夭亡。
震 灶	不吉	**斷續應驗時疾。**
巽 灶	凶	婦女夭亡。
離 灶	不吉	幼婦凶死。
坤 灶	凶	老母受傷。
兌 灶	凶	剋子乏嗣。
乾 灶	大凶	**斷續應驗時疾、意外。**

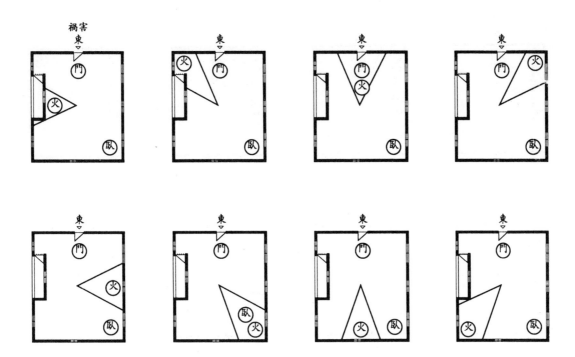

震門坤臥──禍害宅

門、臥配八灶	吉　凶	應　驗　事　項
坎 灶	凶	斷續應驗時疾。
艮 灶	吉凶兼半	初年有丁，久則丁財兩不全。
震 灶	不吉	斷續應驗時疾。
巽 灶	不吉	斷續應驗時疾。
離 灶	平安	諸事尚順。
坤 灶	凶	黃腫脾胃病。
兌 灶	不吉	斷續應驗時疾。
乾 灶	大凶	斷續應驗意外、時疾。

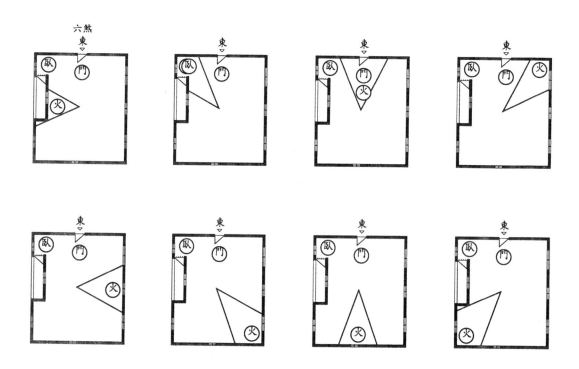

震門艮臥──六煞宅

門、臥配八灶	吉　凶	應　驗　事　項
坎　灶	吉凶 參半	**斷**續應驗時疾。
艮　灶	凶	小兒不利。
震　灶	不吉	**斷**續應驗時疾。
巽　灶	凶	人丁不和。
離　灶	凶	婦女性暴，乏嗣。
坤　灶	凶	小兒難養，男女短壽。
兌　灶	凶	女多男少，乏嗣，夭亡，凶死。
乾　灶	大凶	諸事不利。

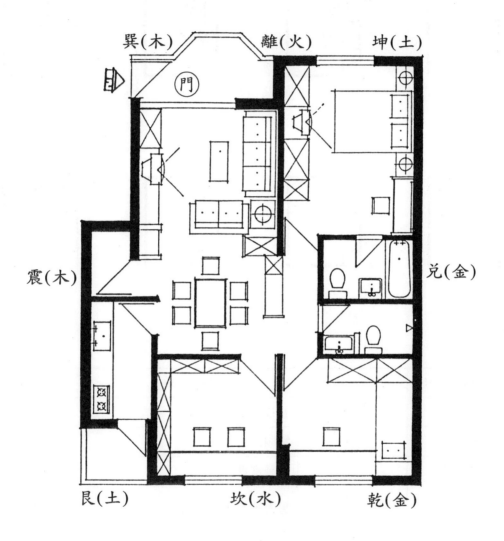

  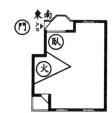 

巽門巽臥──伏位宅

門、臥配八灶	吉　凶	應　驗　事　項
坎 灶	大吉	五福齊全，榮華富貴。
艮 灶	凶	絕嗣破財。
震 灶	吉	大發富貴。
巽 灶	吉凶兼半	男人短壽，有財無丁。
離 灶	吉	婦女賢良，聰明俊秀。
坤 灶	凶	斷續應驗時疾。
兌 灶	凶	婦女不利，人丁不旺。
乾 灶	凶	婦女產亡，短壽。

巽門離臥──天醫宅

門、臥配八灶	吉　凶	應　驗　事　項
坎 灶	大吉	富貴，大利，發女秀才。
艮 灶	凶	乏嗣寡居，黃腫風疾。
震 灶	吉	富貴榮昌，人丁大旺。
巽 灶	小吉	人丁不旺。
離 灶	小吉	初年大利，久則無子。
坤 灶	凶	諸事不利，婆媳不和。
兌 灶	凶	男人短壽，乏嗣，筋骨疼痛。
乾 灶	凶	男女短壽，產亡，自縊。

巽門坎臥——生氣宅

門、臥配八灶	吉 凶	應 驗 事 項
坎 灶	大吉	福祿壽齊全，婦女聰明。
艮 灶	凶	小兒難養。
震 灶	大吉	福壽康寧。
巽 灶	大吉	富貴雙全，人丁不旺。
離 灶	大吉	福祿壽齊全。
坤 灶	凶	中男大凶，家敗人亡，諸事不利。
兌 灶	凶	婦女短壽。
乾 灶	凶	傷妻剋子，筋骨疼痛，人丁旺盛。

  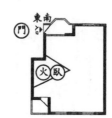 

巽門震臥──延年宅

門、臥配八灶	吉　凶	應　驗　事　項
坎 灶	吉	福祿兩全，科甲連綿。
艮 灶	凶	小兒難養，乏嗣。
震 灶	吉	斷續應驗時疾。
巽 灶	吉	家道興隆。
離 灶	吉	功名顯達，人丁大旺。
坤 灶	凶	老母短壽，乏嗣，家道不和。
兌 灶	凶	男女短壽，筋骨疼痛，破財。
乾 灶	大凶	傷男剋女，家敗人亡。

巽門坤臥──五鬼宅

門、臥配八灶	吉 凶	應 驗 事 項
坎 灶	大吉	諸事尚順，但中男稍不利。
艮 灶	凶	乏嗣。
震 灶	凶	婦女不利。
巽 灶	不吉	不利。
離 灶	小吉	斷續應驗小人。
坤 灶	凶	斷續應驗小人、時疾。
兌 灶	凶	男女短壽。
乾 灶	吉凶兼半	男女短壽。

  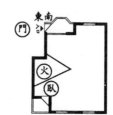 

   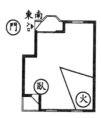

巽門艮臥——絕命宅

門、臥配八灶	吉　凶	應　驗　事　項
坎　灶	凶	小口不利。
艮　灶	凶	乏嗣，風疾，小口不利。
震　灶	凶	乏嗣，短壽，墮胎產勞。
巽　灶	凶	寡居，乏嗣。
離　灶	凶	婦奪夫權，子女艱難，月經不調，血崩。
坤　灶	大凶	斷續應驗時疾、意外。
兌　灶	凶	斷續應驗時疾。
乾　灶	凶	婦女短壽產亡。

  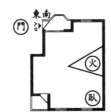 

巽門乾臥──禍害宅

門、臥配八灶	吉 凶	應 驗 事 項
坎 灶	吉	發丁不發財。
艮 灶	不吉	寡居，乏嗣，風疾。
震 灶	大凶	諸事不利。
巽 灶	不吉	心臟病，腿痛。
離 灶	吉凶兼半	斷續應驗時疾、意外。
坤 灶	凶	婦女夭壽，黃腫脾胃。
兌 灶	不吉	斷續應驗意外。
乾 灶	凶	婦女不利。

巽門兌臥──六煞宅

門、臥配八灶	吉　凶	應　驗　事　項
坎 灶	吉	福壽康寧，但防小人。
艮 灶	凶	男女短壽。
震 灶	凶	寡居乏嗣。
巽 灶	凶	斷續應驗時疾、小人。
離 灶	凶	斷續應驗時疾、小人。
坤 灶	大凶	諸事不利。
兌 灶	凶	男女短壽，乏嗣，筋骨疼痛。
乾 灶	不吉	婦女夭亡，男女短壽。

坎(水)　　　　　艮(土)　　　　　震(木)

乾(金)

巽(木)

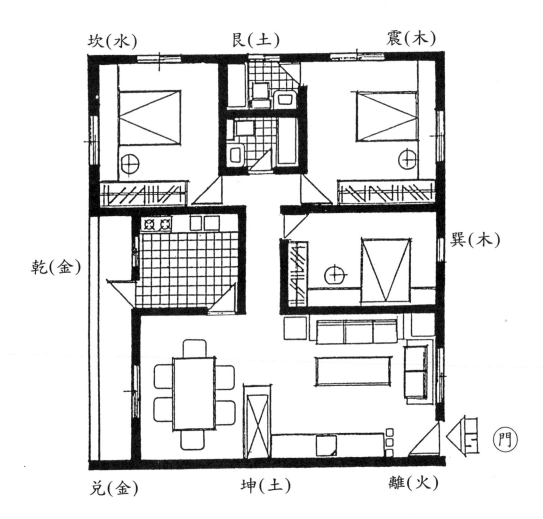

門

兌(金)　　　　　坤(土)　　　　　離(火)

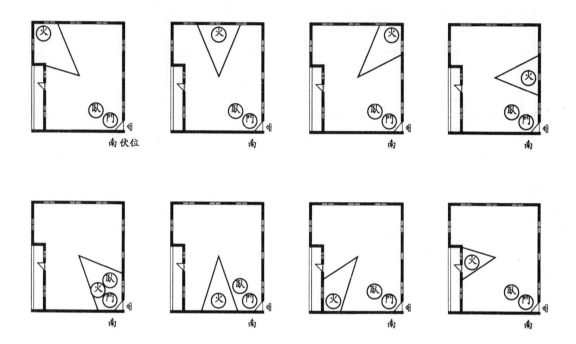

離門離臥——伏位宅

門、臥配八灶	吉　凶	應　驗　事　項
坎灶	大吉	主生四子，福祿壽全，大吉大利。
艮灶	不吉	主婦女性剛，月經不調，下部出血。
震灶	大吉	人丁大旺，福祿壽全。
巽灶	吉	可發財，樂善好施。
	凶	乏嗣，過繼抱養。
離灶	不吉	男女短壽，乏嗣，婦女掌家。
坤灶	不吉	缺丁，男人夭壽，女人掌家。
兌灶	凶	婦女淫亂，短命凶死，官非。
乾灶	凶	乏嗣，男人夭壽，破財，惡瘡眼疾。

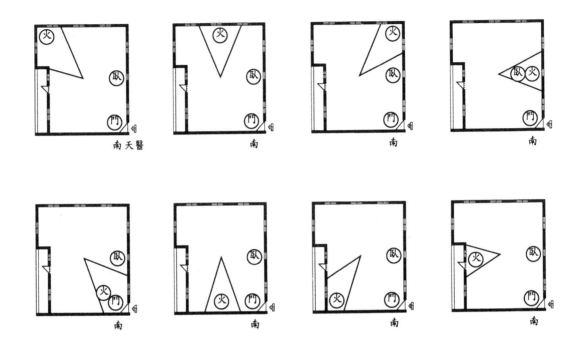

離門巽臥——天醫宅

門、臥配八灶	吉凶	應驗事項
坎 灶	大吉	福壽康寧。
艮 灶	凶	小口不利，婦女專權。
震 灶	吉	福壽康寧。
巽 灶	吉	初年大發，年久不利。
離 灶	不吉	年久絕嗣。
坤 灶	凶	人口不安，家道不和。
兌 灶	大凶	男女夭亡，乏丁，寡居。
乾 灶	凶	主男女夭壽，人口不安。

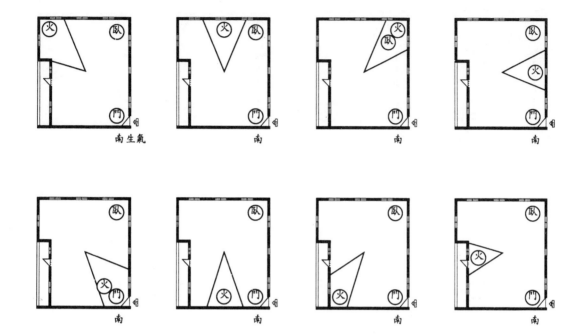

離門震臥——生氣宅

門、臥配八灶	吉 凶	應　驗　事　項
坎 灶	大吉	福壽康寧。
艮 灶	凶	婦女不利，小兒難養，妻奪夫權。
震 灶	大吉	福壽康寧。
巽 灶	吉	子孫賢良聰秀，富貴榮昌，四子。
離 灶	大吉	福壽康寧。
坤 灶	凶	婦女夭壽，黃腫脾胃病。
兌 灶	凶	男女夭壽，官非，凶死。
乾 灶	凶	諸事小利，萬病齊集。

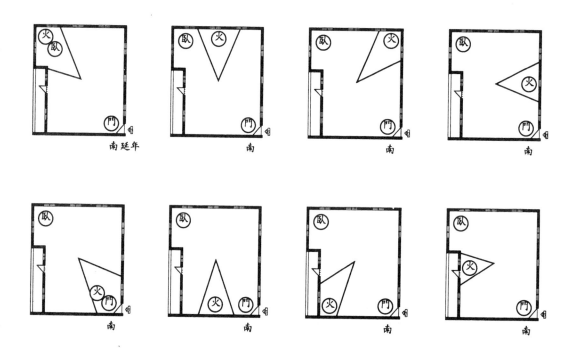

離門坎臥——延年宅

門、臥配八灶	吉 凶	應 驗 事 項
坎 灶	不吉	婦女夭亡。
艮 灶	不吉	婦女性剛，小口不利。
震 灶	吉	主科甲連綿。
巽 灶	大吉	福壽康寧。
離 灶	大吉	福壽康寧。
坤 灶	凶	破散，中男短壽，乏嗣，男女夭亡。
兌 灶	不吉	少婦凶死，婦女淫亂不和，官非。
乾 灶	凶	多災，主人短壽，頭昏眼花，心疼瘡疾。

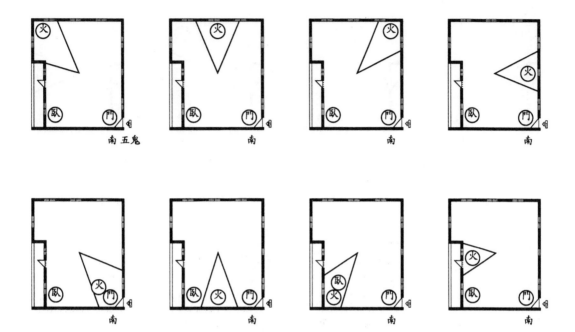

離門兌臥──五鬼宅

門、臥配八灶	吉　凶	應　驗　事　項
坎　灶	不吉	婦女短壽。
艮　灶	半吉	**斷續**應驗時疾。
震　灶	半吉	出聰明婦女，多女少男。
巽　灶	小吉	婦女好善樂施，人丁不旺。
離　灶	凶	**斷續**應驗時疾、小人。
坤　灶	小吉	**斷續**應驗小人。
兌　灶	不吉	男丁夭壽，久則乏嗣。
乾　灶	凶	破財，婦女短壽，凶死。

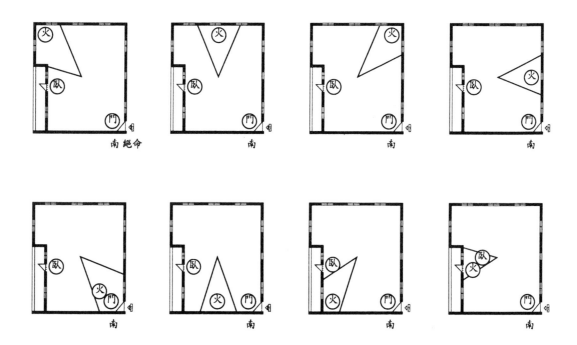

離門乾臥——絕命宅

門、臥配八灶	吉　凶	應　驗　事　項
坎　灶	不吉	斷續應驗時疾。
艮　灶	不吉	斷續應驗時疾。
震　灶	凶	男丁短壽。
巽　灶	凶	男女夭壽。
離　灶	凶	諸事不吉，意外凶禍。
坤　灶	小吉	斷續應驗時疾。
兌　灶	不吉	破財。
乾　灶	不吉	斷續應驗時疾。

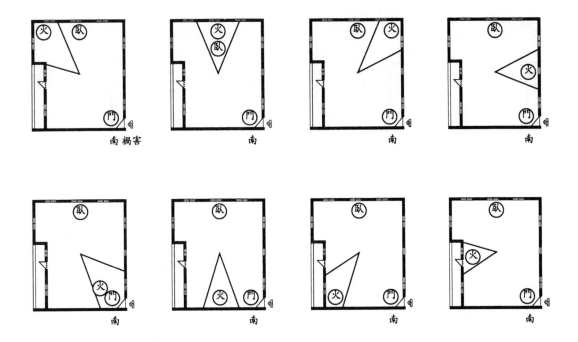

離門艮臥──禍害宅

門、臥配八灶	吉 凶	應 驗 事 項
坎 灶	凶	男女夭亡。
艮 灶	小吉	**斷續應驗**時疾。
震 灶	吉	福壽康寧。
	凶	不發丁，小口不利。
巽 灶	吉凶參半	小男不利，乏嗣，風疾黃腫。
離 灶	小吉	**斷續應驗**時疾。
坤 灶	小吉	**斷續應驗**時疾。
兌 灶	凶	婦女短壽，家道不和。
乾 灶	凶	老公損亡，乏嗣，破財。

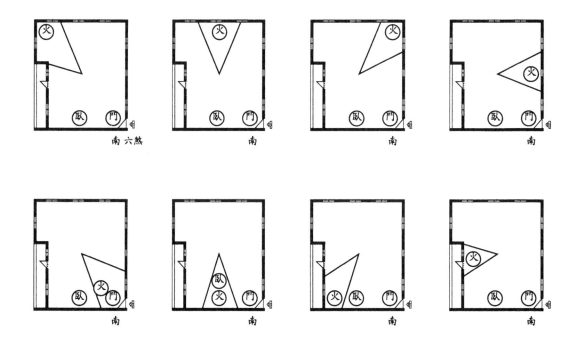

離門坤臥——六煞宅

門、臥配八灶	吉　凶	應　驗　事　項
坎　灶	凶	中男中女受剋，男女夭亡。
艮　灶	不吉	人丁稀少，妻奪夫權，月經不調。
震　灶	吉凶兼半	**斷續**應驗時疾、小人。
巽　灶	凶	老母短壽，人丁不旺，婦女掌家，婆媳不和。
離　灶	吉	初年發財。
	凶	久則缺丁。
坤　灶	凶	男女夭亡，乏嗣，眼疾心疼，經脈不調。
兌　灶	凶	破財，婦女短壽凶死，官非，盜賊。
乾　灶	吉凶兼半	**斷續**應驗時疾、小人。

乾(金) 坎(水) 艮(土)

兌(金) 震(木)

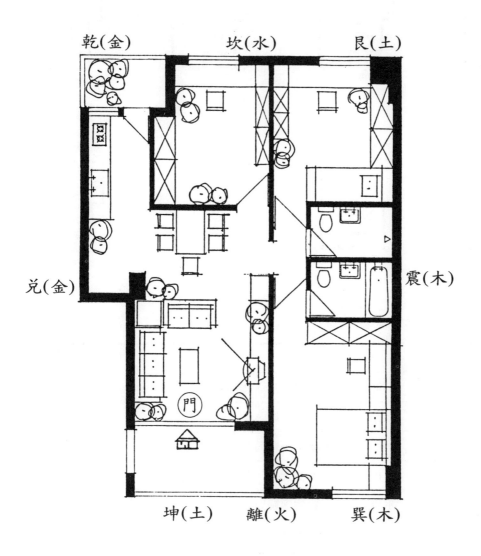

坤(土) 離(火) 巽(木)

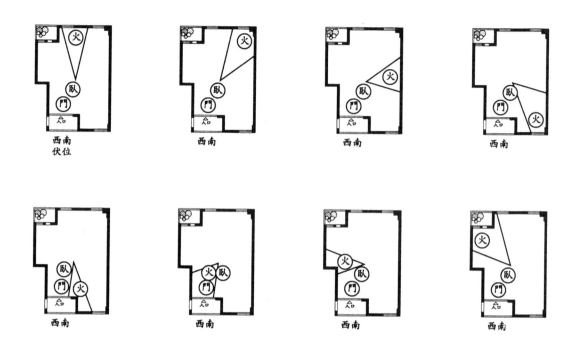

坤門坤臥——伏位宅

門、臥配八灶	吉 凶	應 驗 事 項
坎 灶	凶	心腹疼痛，虛榮積塊。
艮 灶	吉	諸事尚順。
震 灶	凶	斷續應驗時疾。
巽 灶	大凶	男女夭壽。
離 灶	不吉	斷續應驗時疾。
坤 灶	吉	可發財。
	凶	缺嗣，寡母。
兌 灶	吉	福壽康寧，樂善好施。
	凶	久則寡居絕嗣。
乾 灶	大吉	福壽康寧。

西南
天醫

西南

西南

西南

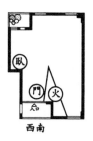
西南

西南

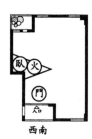
西南

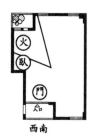
西南

坤門兌臥──天醫宅

門、臥配八灶	吉　凶	應　驗　事　項
坎 灶	凶	斷續應驗時疾。
艮 灶	大吉	福壽康寧。
震 灶	大凶	斷續應驗時疾。
巽 灶	不吉	斷續應驗時疾。
離 灶	凶	斷續應驗時疾。
坤 灶	吉	可發財。
	凶	缺丁（人丁不旺）。
兌 灶	大吉	諸事順遂，獨缺子嗣。
乾 灶	大吉	福壽康寧。

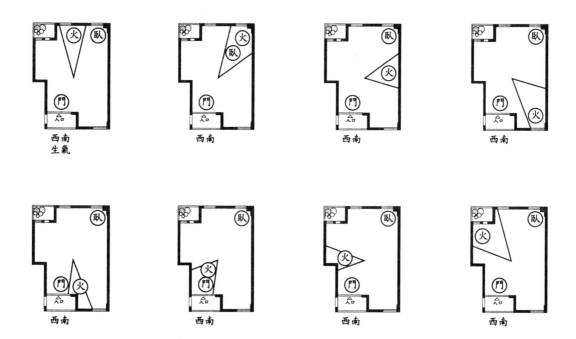

坤門艮臥——生氣宅

門、臥配八灶	吉　凶	應　驗　事　項
坎 灶	大凶	斷續應驗時疾。
艮 灶	吉	斷續應驗時疾。
震 灶	不吉	黃腫脾胃，心疼，男女夭壽，乏嗣。
巽 灶	凶	老母多災，婦女持家，產亡，勞病，賊盜。
離 灶	不吉	婦女刁惡，經脈不調，小兒難養。
坤 灶	大吉	男女高壽，六畜興旺。
兌 灶	吉	福壽康寧，感情和諧。
乾 灶	大吉	可得高壽。

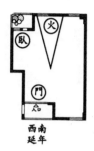
西南
延年

西南

西南

西南

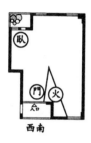
西南

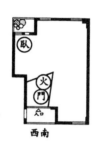
西南

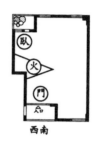
西南

西南

坤門乾臥──延年宅

門、臥配八灶	吉 凶	應 驗 事 項
坎 灶	凶	斷續應驗時疾。
艮 灶	吉	夫妻和諧，子孝孫賢。
震 灶	大凶	斷續應驗時疾、意外。
巽 灶	大凶	斷續應驗時疾、意外。
離 灶	凶	斷續應驗時疾。
坤 灶	大吉	富貴榮昌，子孫滿堂。
兌 灶	大吉	福祿壽齊全。
乾 灶	大吉	男女高壽，夫妻和諧。

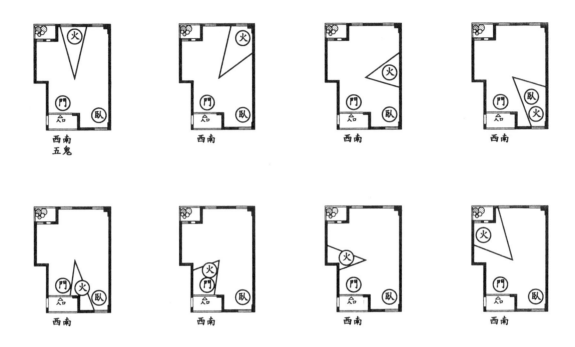

坤門巽臥——五鬼宅

門、臥配八灶	吉　凶	應　驗　事　項
坎 灶	吉凶 參半	斷續應驗時疾、小人。
艮 灶	凶	寡居，乏嗣，婦女持家。
震 灶	凶	婦女不利。
巽 灶	大凶	男女夭壽。
離 灶	吉凶 兼半	斷續應驗小人、時疾。
坤 灶	凶	斷續應驗小人、時疾。
兌 灶	凶	男女夭亡。
乾 灶	不吉	婦女短壽。

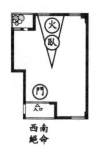

西南
絕命

西南

西南

西南

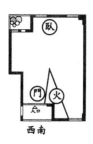

西南

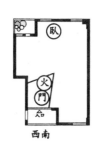

西南

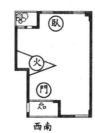

西南

西南

坤門坎臥——絕命宅

門、臥配八灶	吉　凶	應　驗　事　項
坎　灶	凶	斷續應驗時疾、意外。
艮　灶	凶	人丁不旺。
震　灶	不吉	斷續應驗時疾、意外。
巽　灶	凶	斷續應驗時疾、意外。
離　灶	半吉 半凶	斷續應驗時疾。
坤　灶	不吉	斷續應驗時疾。
兌　灶	凶	男女短壽。
乾　灶	吉	初年稍吉。
	凶	久則淫蕩敗絕。

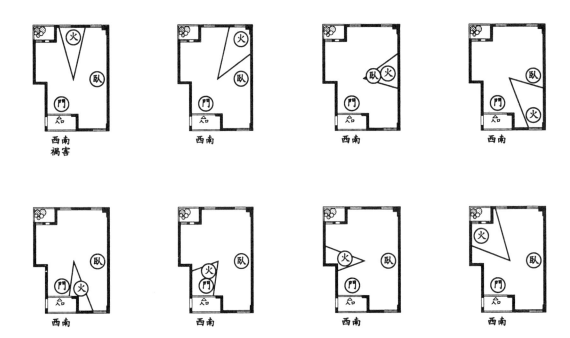

坤門震臥——禍害宅

門、臥配八灶	吉　凶	應　驗　事　項
坎 灶	不吉	腹部疾患、漲氣阻塞，中男夭亡。
艮 灶	不吉	小兒難養。
震 灶	不吉	斷續應驗時疾。
巽 灶	大凶	先損財，後損丁。
離 灶	半吉 半凶	有財無丁，或有丁無財。
坤 灶	不吉	斷續應驗時疾。
兌 灶	凶	男女短壽。
乾 灶	吉凶 兼半	斷續應驗時疾。

西南
六煞

西南

西南

西南

西南

西南

西南

西南

坤門離臥——六煞宅

門、臥配八灶	吉 凶	應 驗 事 項
坎 灶	不吉	斷續應驗時疾。
艮 灶	吉	發財得利。
	凶	婦女刁悍。
震 灶	半吉 半凶	斷續應驗時疾。
巽 灶	不吉	斷續應驗時疾。
離 灶	吉	年初發財。
	凶	久則人丁稀少。
坤 灶	半吉 半凶	斷續應驗時疾。
兌 灶	大凶	斷續應驗時疾、小人。
乾 灶	凶	男人短壽寡居。

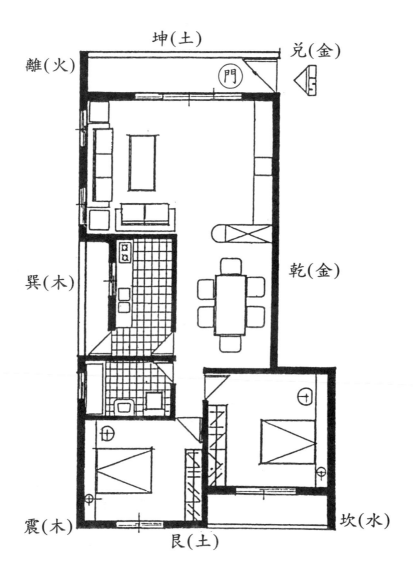

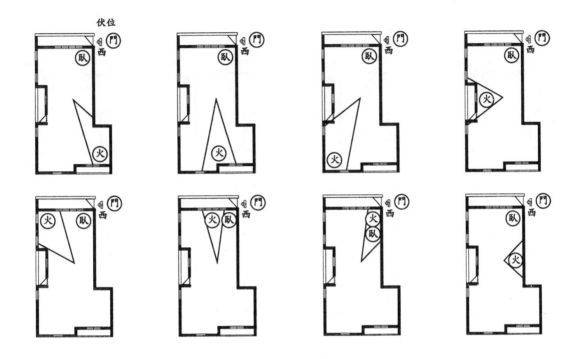

兌門兌臥——伏位宅

門、臥配八灶	吉　凶	應　驗　事　項
坎 灶	凶	破財，剋妻。
艮 灶	大吉	夫婦和諧。
震 灶	凶	斷續應驗時疾。
巽 灶	凶	婦女不貞，夭亡絕嗣。
離 灶	大凶	主鬼魅入宅，怪事多。
坤 灶	不吉	男女短壽，絕嗣。
兌 灶	平平	有財無丁。
乾 灶	吉	諸事尚順。

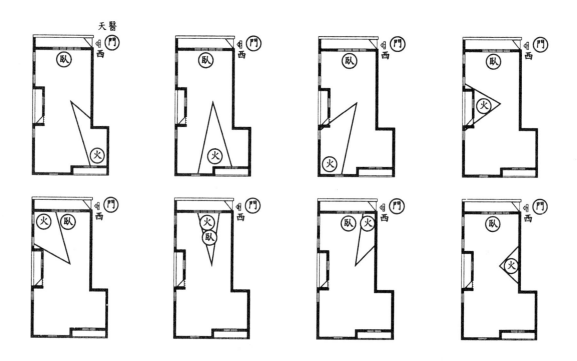

兌門坤臥──天醫宅

門、臥配八灶	吉 凶	應 驗 事 項
坎 灶	凶	男女短壽。
艮 灶	吉	諸事順利。
震 灶	凶	斷續應驗時疾。
巽 灶	大凶	斷續應驗時疾、意外。
離 灶	大凶	斷續應驗時疾、意外。
坤 灶	吉	可發財。
	凶	無丁，久則絕嗣。
兌 灶	凶	傷夫剋子。
乾 灶	吉	諸事順遂。

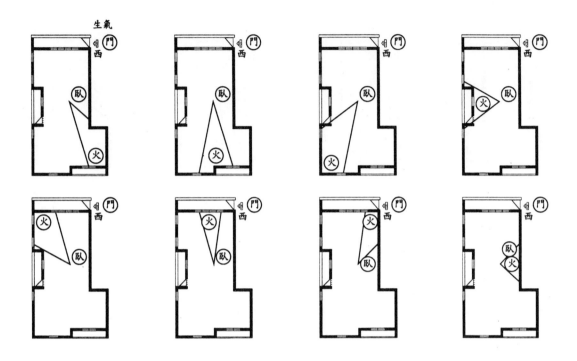

兌門乾臥──生氣宅

門、臥配八灶	吉 凶	應　驗　事　項
坎 灶	凶	破財，男女夭亡。
艮 灶	吉	大吉大利。
震 灶	凶	夭亡，寡居。
巽 灶	凶	婦女短壽，長婦長男不利。
離 灶	大凶	斷續應驗時疾、意外。
坤 灶	吉	大吉大利。
兌 灶	吉	諸事尚順。
乾 灶	吉	諸事尚順。

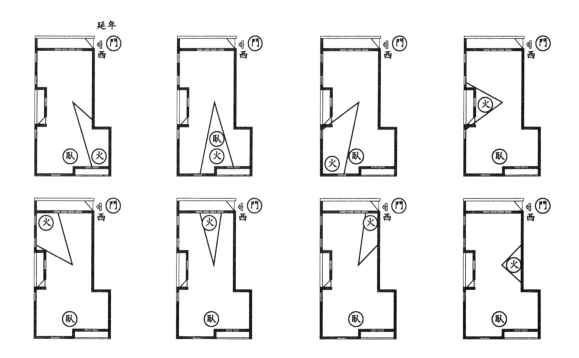

兌門艮臥——延年宅

門、臥配八灶	吉　凶	應　　驗　　事　　項
坎 灶	大凶	斷續應驗時疾、意外。
艮 灶	吉	科甲連綿。
震 灶	凶	斷續應驗時疾。
巽 灶	凶	斷續應驗時疾。
離 灶	大凶	斷續應驗時疾、意外。
坤 灶	大吉	男聰女秀，家道和順。
兌 灶	吉	諸事尚順。
乾 灶	大吉	富貴榮昌。

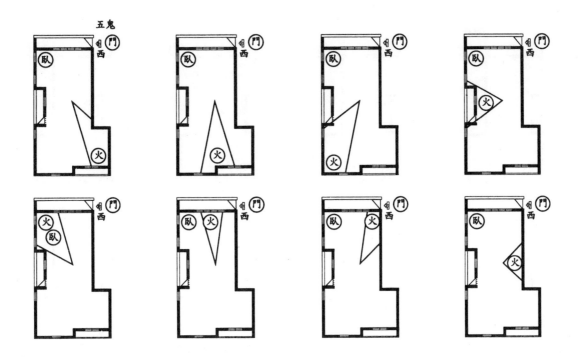

兌門離臥──五鬼宅

門、臥配八灶	吉 凶	應 驗 事 項
坎 灶	凶	男女夭壽。
艮 灶	平安	半吉半凶。
震 灶	不吉	人丁不旺，凶死。
巽 灶	不吉	斷續應驗小人。
離 灶	大凶	咳嗽痰癆。
坤 灶	半吉 半凶	婦奪夫權。
兌 灶	大凶	斷續應驗小人、時疾。
乾 灶	凶	男女短壽。

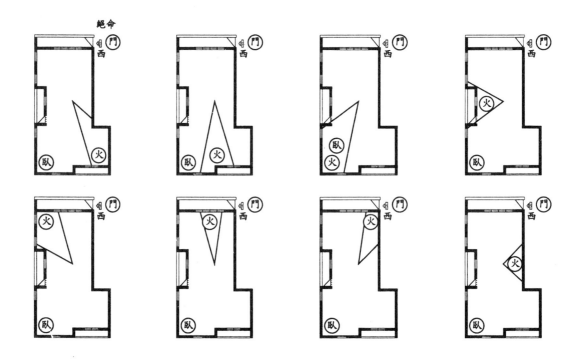

兌門震臥──絕命宅

門、臥配八灶	吉 凶	應 驗 事 項
坎 灶	凶	傷男消極，損子剋妻。
艮 灶	凶	不利。
震 灶	凶	斷續應驗時疾。
巽 灶	凶	婦人夭亡。
離 灶	大凶	斷續應驗時疾、意外。
坤 灶	凶	田產破敗。
兌 灶	凶	家道不和。
乾 灶	大凶	斷續應驗時疾、意外。

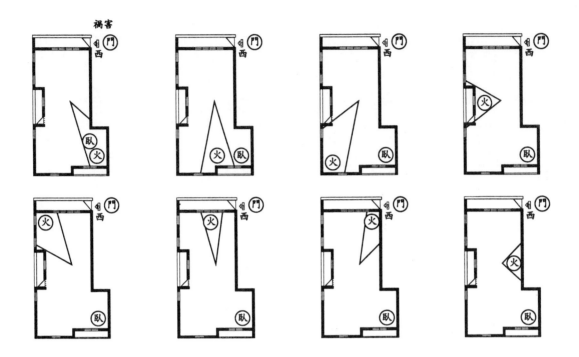

兌門坎臥──禍害宅

門、臥配八灶	吉 凶	應 驗 事 項
坎 灶	凶	婦女短壽。
艮 灶	凶	小兒夭亡，缺嗣，不利。
震 灶	不吉	斷續應驗時疾。
巽 灶	凶	婦女不利。
離 灶	大凶	斷續應驗時疾、意外。
坤 灶	凶	中男夭壽，寡居缺嗣。
兌 灶	凶	婦女短命，不利。
乾 灶	不吉	破財傷丁。

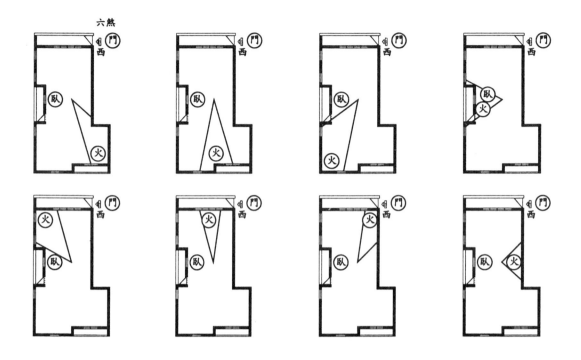

兌門巽臥——六煞宅

門、臥配八灶	吉　凶	應　驗　事　項
坎 灶	凶	斷續應驗時疾。
艮 灶	凶	小兒不利，寡居缺嗣。
震 灶	凶	男女夭亡。
巽 灶	凶	初年有發財，丁不旺，娶三妻無子。
離 灶	大凶	斷續應驗時疾、意外。
坤 灶	凶	斷續應驗時疾。
兌 灶	不吉	斷續應驗時疾。
乾 灶	凶	婦女短壽。

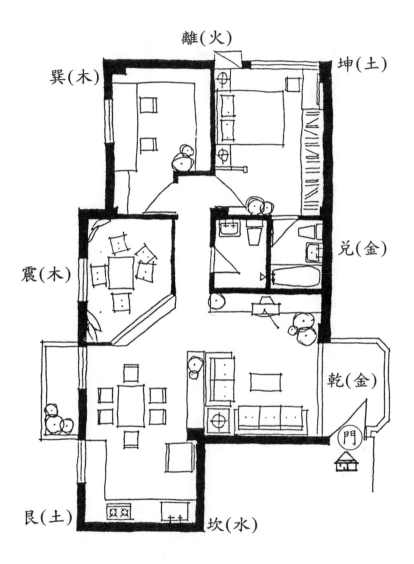

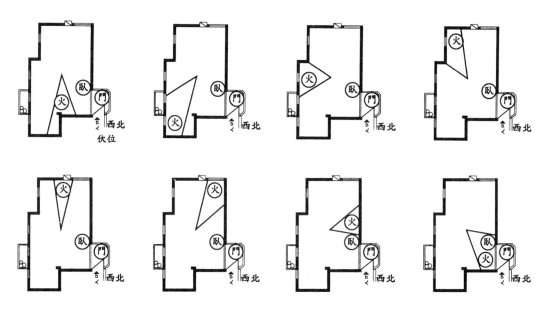

乾門乾臥——伏位宅

門、臥配八灶	吉　凶	應　驗　事　項
坎灶	起初吉	諸事尚順。
	久則散財凶	嫖賭淫蕩，妻子損傷，乏嗣抱養，咳嗽吐痰。
艮灶	起初吉	主富貴雙全，生三子。
	年久純陽無陰	主傷婦乏嗣，重娶妻妾，抱養過繼。
震灶	大凶	長子不利，官司口舌，傷人敗財，凶死偷盜，多應四五之數。
巽灶	初年小吉	諸事尚順。
	久則凶	婦女短壽，腰腿心腹疼痛。
離灶	陰盛陽衰不吉	多女少男，丁財不旺，頭疼眼疾惡瘡，婦女性剛乏嗣。
坤灶	大吉	夫婦正配，主生四子，福祿壽齊全。
兌灶	初年吉	初年發財發丁。
	久則不佳	重娶妻妾，並出寡居。
乾灶	初年吉	初年發福。
	久則有剋	主剋妻乏嗣。

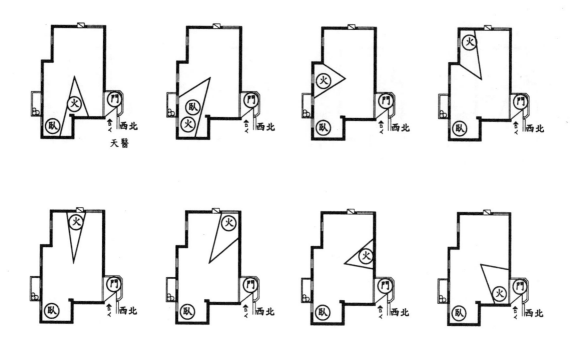

乾門艮臥——天醫宅

門、臥配八灶	吉　凶	應　驗　事　項
坎　灶	凶	主心腹疼痛，痞塊虛勞，小兒難養，男女夭亡，重娶妻妾，邪魔作亂。
艮　灶	吉	田產興旺。
	凶	人丁不旺，兒女容易受傷。
震　灶	大凶	缺子嗣，虛勞脾病。
巽　灶	凶	筋骨疼痛，剋傷妻子，產勞黃疾，小口風疾。
離　灶	凶	婦人性剛烈，頭昏，眼疾。
坤　灶	大吉	福壽康寧。
兌　灶	吉祥順利	福壽康寧。
乾　灶	初年吉	初年發富發貴。
	久則有剋	久則剋妻傷子，乏嗣寡居。

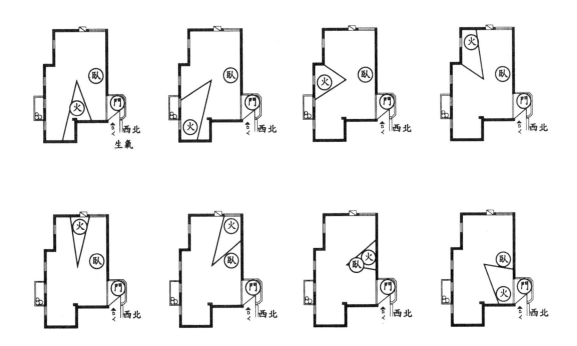

乾門兌臥──生氣宅

門、臥配八灶	吉　凶	應　驗　事　項
坎　灶	凶	散財，破財，乏嗣，剋妻淫蕩。
艮　灶	大吉	福壽康寧。
震　灶	大凶	斷續應驗時疾、小人。
巽　灶	凶	主婦女產亡，筋骨疼痛。
離　灶	大凶	主破財，男女短壽。
坤　灶	大凶	斷續應驗時疾、意外。
兌　灶	吉	福壽康寧。
乾　灶	吉凶參半	主婦女夭亡。寡居淫蕩。

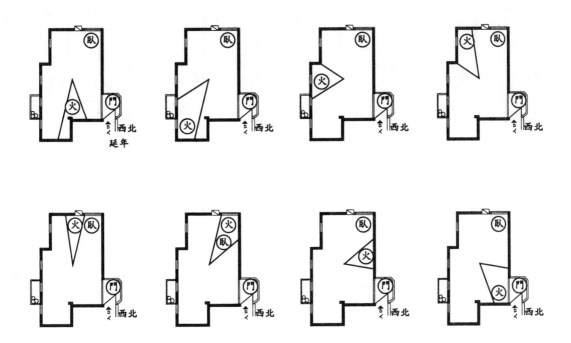

乾門坤臥──延年宅

門、臥配八灶	吉　凶	應　驗　事　項
坎 灶	不吉	剋中男短命，肚腹疼痛。
艮 灶	大吉	男女和好，家庭平安和諧。
震 灶	大凶	斷續應驗時疾。
巽 灶	不吉	老母、長婦遭剋夭壽。
離 灶	凶	斷續應驗時疾。
坤 灶	大吉	福壽康寧。
兌 灶	大吉	福壽康寧。
乾 灶	大吉	福壽康寧。

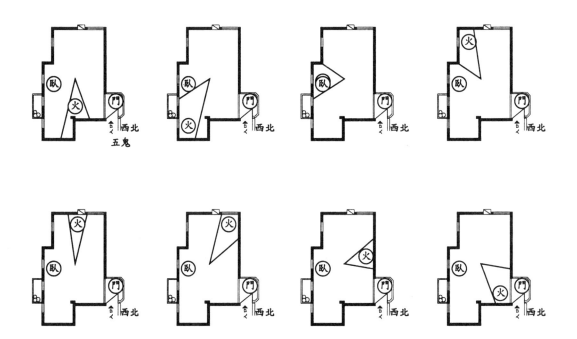

乾門震臥──五鬼宅

門、臥配八灶	吉 凶	應 驗 事 項
坎 灶	吉	初年順遂。
	凶	久則人丁不旺。
艮 灶	吉	可發財。
	凶	不發丁，小兒病痛重重。
震 灶	大凶	斷續應驗小人、時疾。
巽 灶	凶	婦女短壽，筋骨疼痛，墮胎產亡。
離 灶	凶	男人夭壽。
坤 灶	吉凶兼半	斷續應驗小人。
兌 灶	凶	斷續應驗小人、時疾。
乾 灶	大凶	斷續應驗小人、時疾、意外。

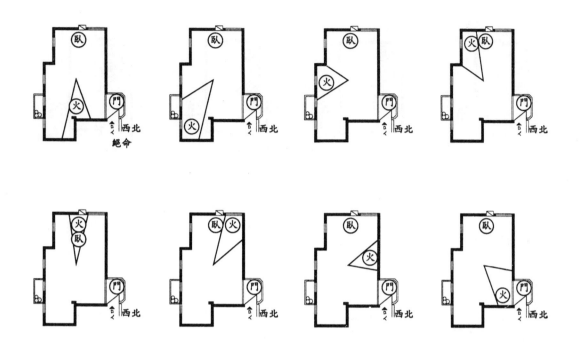

乾門離臥——絕命宅

門、臥配八灶	吉　凶	應　驗　事　項
坎　灶	凶	散財，剋妻，淫蕩。
艮　灶	吉	子孫賢良。
	凶	婦女性暴。
震　灶	大凶	斷續應驗意外凶禍。
巽　灶	凶	長婦受剋，墮胎，產亡，夭壽。
離　灶	凶	斷續應驗時疾。
坤　灶	半吉 半凶	斷續應驗時疾。
兌　灶	凶	斷續應驗時疾、小人。
乾　灶	不吉	斷續應驗時疾。

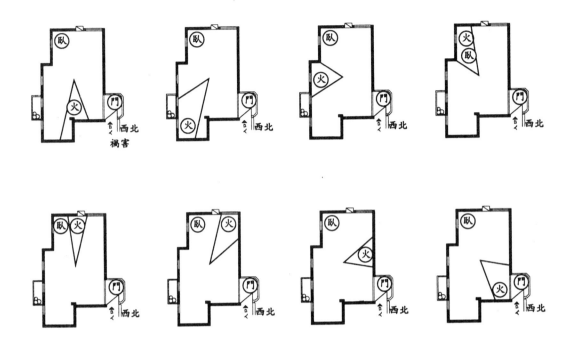

乾門巽臥──禍害宅

門、臥配八灶	吉　凶	應　驗　事　項
坎灶	吉	初年發財發丁。
	凶	久則衰，不旺。
艮灶	凶	主缺嗣不吉。
震灶	大凶	斷續應驗時疾、意外凶禍。
巽灶	凶	主婦女短壽。
離灶	不吉	婦女專權，男人短壽。
坤灶	凶	老母夭亡。
兌灶	凶	男女皆短壽。
乾灶	凶	傷妻剋子。

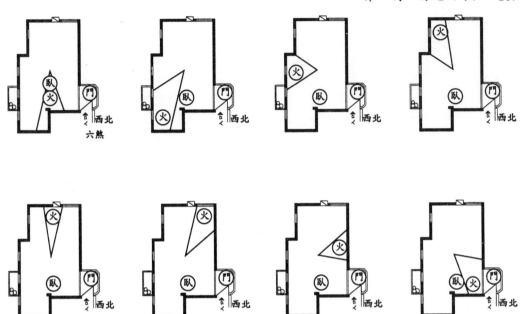

乾門坎臥——六煞宅

門、臥配八灶	吉　凶	應　驗　事　項
坎 灶	凶	散財乏嗣不祥。
艮 灶	吉	生三子，諸事尚順。
	凶	小兒難養，中男短壽乏嗣，心腹疼痛。
震 灶	初年稍可	諸事尚順。
	久則大凶	斷續應驗小人、時疾。
巽 灶	初年吉	初年丁財兩發。
	久則凶	久則筋骨疼痛，婦人壽短，多傷賢婦。
離 灶	半吉	斷續應驗小人。
	半凶	男女短壽。
坤 灶	吉	丁財兩旺。
	凶	傷中男，出寡居，二房乏嗣。
兌 灶	吉	可發丁。
	凶	婦人壽短，久則寡居淫蕩。
乾 灶	吉	初年間有發財者。
	凶	久則剋妻傷子，寡居乏嗣，蕩產亡家。

第二篇　陽宅外方位

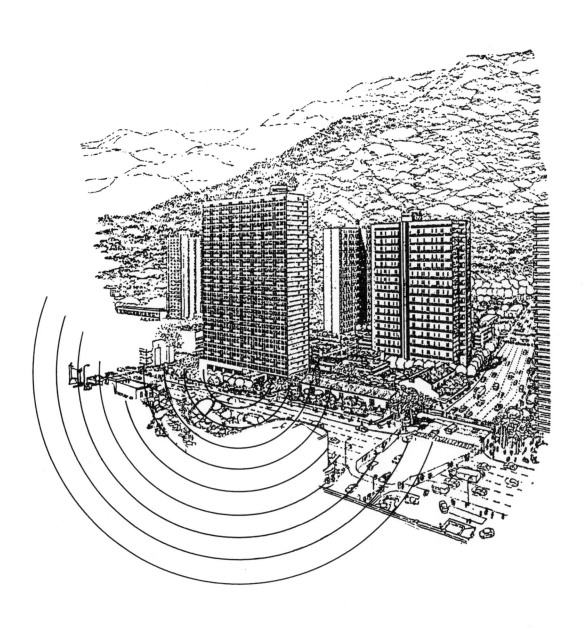

前　言

　　一般人都認爲自己房子的前面如果正對沖電桿、尖屋脊、水塔等，就認爲非常不吉利，也千方百計想搬離，或將大門方向改變，也有很多人直覺上認爲環抱水一定好，或水從宅後流向宅前一定不好，謂之「順流而去」，這些概念到底對不對，會不會應驗？其實是要依測度出來的方位才能斷言的，並不是僅膚淺地以眼睛判斷，加上自己的美化觀點而妄下結論。

　　話說在台北北投區，有一位黃氏望族，當年在北部商圈交遊甚廣，認識他的人很多，而黃氏也篤信命理，常找奇人異士論命談運。有一天，有一位從西藏來的仁波切精於觀氣，但架子很大，等閒不易爲人「觀氣」，除非有熟識朋友介紹，否則貿然求相，必爲所拒。

　　由於此喇嘛曾預言不少人將會遇難十分靈驗，所以口碑極佳，而在上流商圈社會幾乎無人不知，不少人都曾懇求斷言一下休咎。

　　黃氏也不例外，經透過友人關係託人介紹之後，終於兩夫婦如願以償，約定了時間，便前往會晤。這位喇嘛對他們兩人觀氣審視了良久，此仁波切低頭不語沉默了一陣子，最後才十分謹慎地對他們說：「你們夫婦兩人都有水難，可能在二年內應驗，見水宜避之，我直說請恕罪。」

　　黃先生聽了仁波切一席話，回家之後，再三思量，認爲目前是住在北投山區，不在海邊，那來水難，可能是出外落水，或游泳滅頂等，於是就相互約束不游泳、不乘船。

　　不料在第二年將過去時分，因宅第外五黃位剛好工程單位埋水管施工而動土，又把挖起來的土堆積在宅第的曜煞位上，黃先生當然是不知道這些陽宅學危機的，也沒有加以刻意防範，台灣晚秋的天氣雖乾躁，但山區偶而也有些雷雨，有一天就在黃先生住的地方，山泥傾瀉而下，黃先生一看泥水淤積在他的後院，於是夫婦倆就利用還有雨的時候拿著鏟子清除垢

泥,突然間山雨加大,一時山澗泥水沖激而來,沖倒了後院圍牆,壓倒兩夫婦,而黃氏夫婦也就死在這場大雨之中。

正是冥冥中似有定數,黃氏夫婦應驗仁波切之言,在陽宅學的方位理論上,也應驗了環境外的凶兆現象,由此可見禍福俱有定數,知定數之後,再利用陽宅的巒頭理氣方位,憑風水之力減禍,這是人類與環境抗衡的一大智慧。

主題一　巒頭理氣

一、先天水：

1.方位

乾山巽向、離水來。　　坎山離向、兌水來。

艮山坤向、乾水來。　　震山兌向、艮水來。

巽山乾向、坤水來。　　離山坎向、震水來。

坤山艮向、坎水來。　　兌山震向、巽水來。

2.格局

先天水宜來不宜出，朝來主旺丁，流破主損丁、絕嗣。

二、後天水

1.方位

乾山巽向、艮水來。　　坎山離向、坤水來。

艮山坤向、震水來。　　震山兌向、離水來。

巽山乾向、兌水來。　　離山坎向、乾水來。

坤山艮向、巽水來。　　兌山震向、坎水來。

2.格局

後天水宜來不宜出，朝來主旺財，流破主破財、暴敗。

三、天劫水

1.方位

乾山巽向、忌震水來。　　坎山離向、忌巽水來。
艮山坤向、忌離水來。　　震山兌向、忌乾水來。
巽山乾向、忌坎水來。　　離山坎向、忌艮水來。
坤山艮向、忌震水來。　　兌山震向、忌艮水來。

2.格局

天劫水宜出不宜來，朝來主吐血癆傷，出癲狂、不恥之人。

四、地刑水

1.方位

乾山巽向、離水來。　　坎山離向、坤水來。
艮山坤向、兌水來。　　震山兌向、坤水來。
巽山乾向、兌水來。　　離山坎向、乾水來。
坤山艮向、坎水來。　　兌山震向、巽水來。

2.格局

地刑水宜來不宜出，流破主妻財兩空，五黃運到，或太歲刑沖，損妻、破財、婦女經病、醫藥不斷。

五、案劫水

1.方位

乾：戌乾亥三山水口┬ 甲、乙　（天劫位）
　　　　　　　　　 └ 巽　　　（案劫位）

坎：壬子癸三山水口┬ 巽　　　（天劫位）
　　　　　　　　　 └ 丙、丁　（案劫位）

艮：丑艮寅三山水口┬ 丙、丁　（天劫位）
　　　　　　　　　 └ 坤　　　（案劫位）

震：甲卯乙三山水口┬ 乾　　　（天劫位）
　　　　　　　　　 └ 庚、辛　（案劫位）

巽：辰巽巳三山水口┬ 壬、癸　（天劫位）
　　　　　　　　　 └ 乾　　　（案劫位）

離：丙午丁三山水口┬ 艮　　　（天劫位）
　　　　　　　　　 └ 壬、癸　（案劫位）

坤：未坤申三山水口┬ 甲、乙　（天劫位）
　　　　　　　　　 └ 艮　　　（案劫位）

兌：庚酉辛三山水口┬ 艮　　　（天劫位）
　　　　　　　　　 └ 甲、乙　（案劫位）

2.格局

案劫是向卦，對宮是也。此言明堂，如天劫在左，地刑在右，或天劫在右，地刑在左。

案劫水宜出不宜來，如逢屋角、大石侵射，或古井、孤木、古松中射，主損幼丁、絕敗。

3.圖示

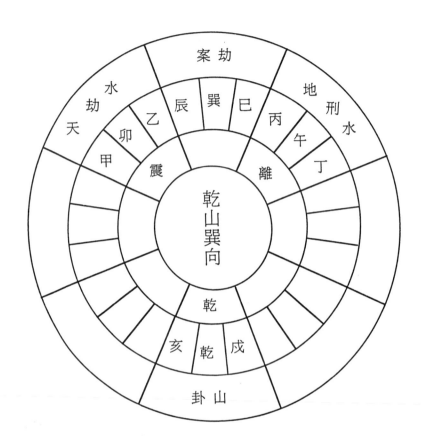

六、賓水

1.方位

乾山巽向、忌坤水來。　　坎山離向、忌震水來。

艮山坤向、忌坎水來。　　震山兌向、忌巽水來。

巽山乾向、忌離水來。　　離山坎向、忌兌水來。

坤山艮向、忌乾水來。　　兌山震向、忌艮水來。

2.格局

賓水宜出不宜來，來則發女口，蔭外家姓子孫，本枝姓零丁退敗，若用在無男丁宅者，主蔭福女之法。

七、客水

1.方位

乾山巽向、忌兌水來。　　坎山離向、忌乾水來。

艮山坤向、忌巽水來。　　震山兌向、忌坎水來。

巽山乾向、忌艮水來。　　離山坎向、忌坤水來。

坤山艮向、忌震水來。　　兌山震向、忌離水來。

2.格局

客水宜出不宜來，來則發女口，蔭外家姓子孫，本枝姓伶丁退敗。

八、輔卦

1.方位

乾山巽向、坎水來。　　坎山離向、艮水來。

艮山坤向、兌水來。　　震山兌向、坤水來。

巽山乾向、震水來。　　離山坎向、巽水來。

坤山艮向、兌水來。　　兌山震向、坤水來。

2.格局

輔卦水宜來不宜出，來則旺人丁，如更有庫池深住，主大發富貴。

九、庫池

1.方位

乾：戌乾亥三山庫池在艮位。

坎：壬子癸三山庫池在坤位。

艮：丑艮寅三山庫池在乾位。

震：甲卯乙三山庫池在壬位。

巽：辰巽巳三山庫池在坤位。

離：丙午丁三山庫池在辛位。

坤：未坤申三山庫池在巽位。

兌：庚酉辛三山庫池在癸位。

2.格局

庫池即宅外財庫，可論斷財富之多寡，庫池最宜澄清近穴。

十、曜殺

曜殺又稱黃泉殺。詩曰：

「坎龍坤兔震山猴，巽雞乾馬兌蛇頭，艮虎離豬是曜殺，宅坎逢之禍即至。」

1.方位

乾：戌乾亥三山　　　　午爲正曜、寅爲地曜、亥爲天曜。

坎：壬子癸三山　　　　辰爲正曜、卯爲地曜、巳爲天曜。

艮：丑艮寅三山　　　　寅爲正曜、申爲地曜、午爲天曜。

震：甲卯乙三山　　　　申爲正曜、亥爲地曜、寅爲天曜。

巽：辰巽巳三山　　　　酉爲正曜、巳爲地曜、卯爲天曜。

離：丙午丁三山　　　　亥爲正曜、午爲地曜、申爲天曜。

坤：未坤申三山　　　　卯爲正曜、酉爲地曜、辰爲天曜。

兌：庚酉辛三山　　　　巳爲正曜、辰爲地曜、酉爲天曜。

2.格局

曜殺位最忌門路中射、屋角、大石、古井、古松、井欄、電桿、樹桿侵射，應驗損丁、血光、破財、出人癲狂、無恥之徒等事。

主題二　定局圖表

卦應 坐山	先天	後天	天劫	地刑	案劫	賓位	客位	輔卦	庫池	水　口	正曜	地曜	天曜
乾	離	艮	震	離	巽	坤	兌	坎	艮	甲乙巽	午	寅	亥
坎	兌	坤	巽	坤	離	震	乾	艮	坤	巽丙丁	辰	卯	巳
艮	乾	震	離	兌	坤	坎	巽	兌	乾	丙丁坤	寅	申	午
震	艮	離	乾	坤	兌	巽	坎	坤	壬	乾庚辛	申	亥	寅
巽	坤	兌	坎	兌	乾	離	艮	震	坤	壬癸乾	酉	巳	卯
離	震	乾	艮	乾	坎	兌	坤	巽	辛	艮壬癸	亥	午	申
坤	坎	巽	離	坎	艮	乾	震	兌	巽	甲乙艮	卯	酉	辰
兌	巽	坎	艮	巽	震	艮	離	坤	癸	艮甲乙	巳	辰	酉

一、乾山巽向

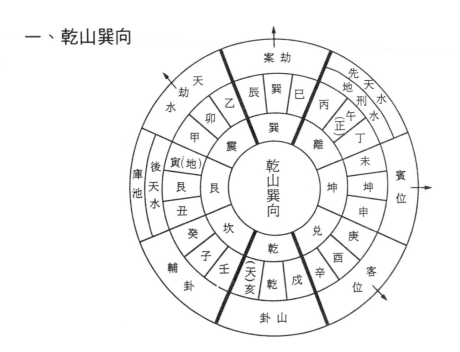

二、坎山離向

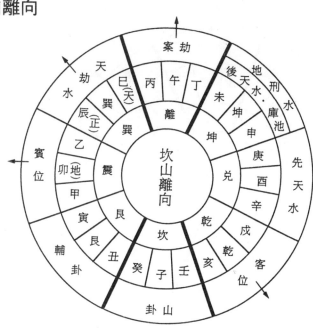

三、艮山坤向

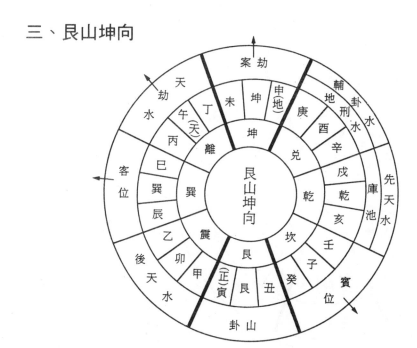

四、震山兌向

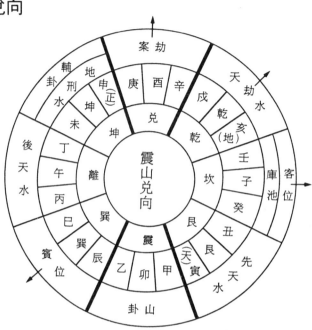

五、巽山乾向

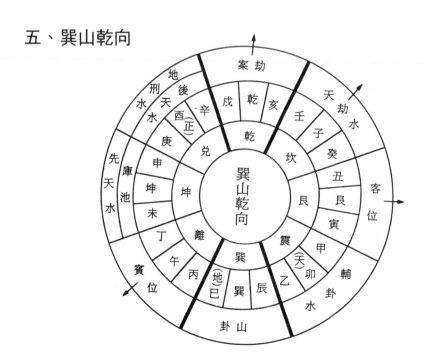

六、離山坎向

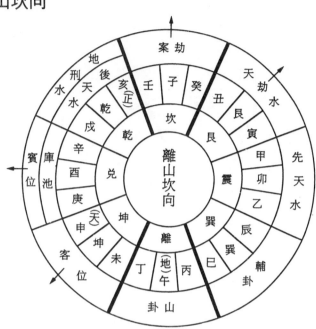

七、坤山艮向

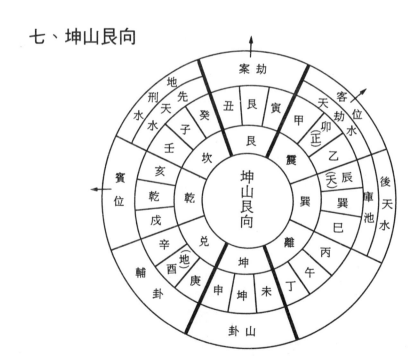

八、兌山震向

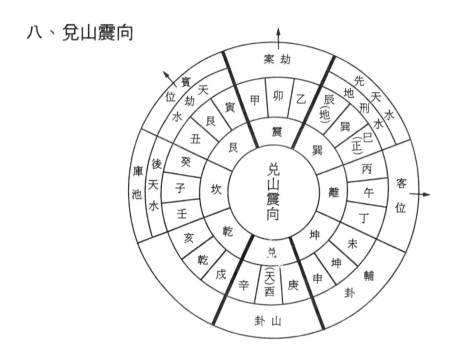

結後語

　　鑑定陽宅，就好像閱讀英文句子，句子當中有主詞、動詞、副詞、不定詞、連接詞等等，如果其中有一項詞類用法錯誤，那麼整個句子就都錯了，宅第內項目，包括主臥室、廚房、廁所等等，宅第外項目開門望去，滿眼山、樹、水等，其中如有一個項目錯誤，就如同句中的一項詞類用法錯誤一樣，陽宅就不是吉利格局了。

　　所以陽宅的鑑定程序是繁複的，陽宅師觀察居住環境的內外是細緻的，測度的工具是羅盤，測度的依據就是本書所談的「方位」。

　　為使學習者更瞭解方位應用法則，茲再舉一實例詳細說明：

一、事實：

　　苗栗縣境內落座一震卦山宅第，在民國八十年，作者前往實地鑑定，以羅經測度方位時，宅主告訴作者說本宅第是其先祖渡台時，重金禮聘唐山一位老師父來點地興建的，住了幾代財丁兩旺等等，請作者複鑑目前風水是否走樣？

二、圖例：

　　我乃先製圖如下：

圖㈠：本宅外觀素描。

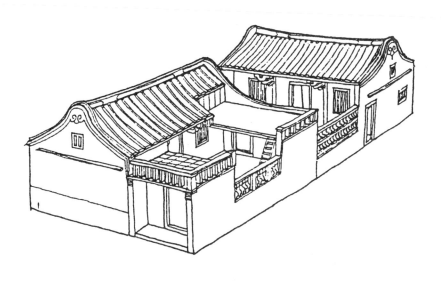

圖㈡：本宅立體圖。

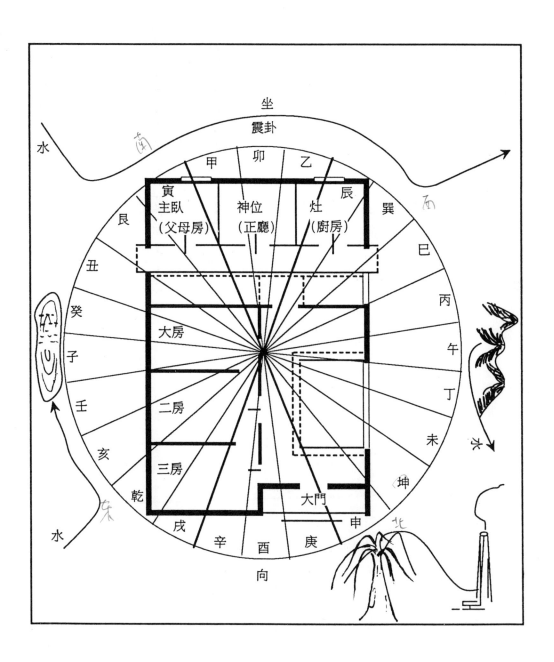

圖㈢：本宅配置及內外方位。

三、題目：

> 宅主居住在此宅二十年，目前家中現況如下：
> (1)男主人：20 年次。
> (2)女主人：23 年次。
> (3)大　房：47 年次。
> (4)二　房：49 年次。
> (5)三　房：52 年次。
> 試問：居住本宅迄今有何應驗吉凶？另外以流運推算近幾年運以何年度流運最不好。

■說明：

1.陽宅內方位

本宅坤門、艮臥、巽灶為「生氣宅」。

以陽宅內方位論斷，已應驗父母多災、產厄、時疾、及有盜賊入侵。

2.陽宅外方位

依測定的方位圖可說明如下：

(1)旺財丁：

　①艮方有先天水朝堂又彎抱，左旋至賓位巽方而去。

　②各水集中於坎（壬）位之庫池內。

(2)妻常疾：

　離位的後天水，小水時有時無，山又尖峯，形成惡山惡水。

　乾位（天劫水），有小水朝堂，也時有時無。

(3)應車禍：

　因坤方有煙囪，小孩在年干支流運至時易發生車禍。

(4)三房出癲狂：

　因申方有枯樹高聳槎枒，故在宅第內第三房應驗出癲狂之人。

3.流運分析：

　　　　本宅坐震向兌，民國八十年九星流運九紫入中，二黑入宅，應驗破財、意外等災禍。

4.綜合言之：

　　　　本宅雖經唐山師點地，但以當時而言，可知重心在旺財富貴。所以一家人力求上進、盡力工作，妻子裡外兼顧，當然會積勞成疾，經常臥病，大人忙於工作，小孩疏於照顧，也就會常有意外運。因此可知：陽宅實際鑑定與推論是符合邏輯的，只是一般人不瞭解方位學，未能防患於未然，而陽宅師就從居住環境的特徵中，去推衍象意，來論斷事實的吉凶罷，這套理則是先哲的經驗累積。

國家圖書館出版品預行編目資料

陽宅方位學（透視陽宅專輯之二）／周建男著．
-- 初版．-- 台北市：國家，2000〔民89〕
131 面；26 公分．--（國家風水叢書：5）
ISBN　957-36-0339-X（平裝）

1. 相宅

294.1　　　　　　　　　　　　　　　　83005699

國家出版社 KUO CHIA

國家風水叢書 ⑤　特價／新台幣肆佰元

陽宅方位學（透視陽宅專輯之二）

著作者／周建男
發行人／林洋慈
出版者／國家出版社
社址／台北市北投區大興街 9 巷 28 號
電話／（○二）二八九五一三一七（五線）
傳真／（○二）二八九四二四七八
郵撥帳號／○○一八○二七一七
電子郵件／kcpc@ms21.hinet.net
執行編輯／謝滿子
責任編校／台灣省陽宅教育協會
讀者服務／曹美玲
封面設計／家昌設計
法律顧問／林金鈴律師
排版／上達電腦排版公司
製版／國華製版有限公司
印刷／吉峰印刷有限公司
日期／二○○○年十一月初版一刷